Das Buch
Nicht nur Lebende leiden unter emotionalen Verstrickungen und Schuldgefühlen.
Auch Seelen, die sich deswegen nicht von der Erde lösen können und im Zwi-
schenbereich hängen bleiben. Viele von ihnen melden sich seit Jahren in der
Therapiepraxis von Bettina Hausmann und bitten um Hilfe, um befreit ins Licht
gehen zu können.

Anrührende Protokolle der Liebe und Heilung geben uns Hinweise für unser
Leben, damit wir eines Tages diese Erde befreit von allem Vergangenen verlassen
können. Ergreifend ist die Geschichte einer unter Versagensangst leidenden jungen Frau, die durch ein Gespräch mit ihrem längst verstorbenen Onkel aufgelöst
werden konnte, oder das Gespräch mit einem verstorbenen Zwilling.

Die Autorin
Bettina Hausmann, Jahrgang 1942, 2 Kinder, studierte Germanistik und Romanistik. Es folgte eine Ausbildung in Integrativer Therapie und als Gestalt-
Therapeutin. Seit 25 Jahren arbeitet Frau Hausmann in eigener Praxis. Ihre hellsichtigen und heilerischen Fähigkeiten vertieften sich durch die Transpersonale
Psychologie, die sie mehr und mehr in ihrer Praxisarbeit einbringt. Darüber hinaus
widmet sie sich intensiv globaler Heilungsarbeit und der Behandlung von Opfern
und Tätern aus Kriegen.
Es ist ihr ein Bedürfnis, diese grenzüberschreitende Arbeit in die Welt zu bringen.

Bettina Hausmann

Befreiung erdgebundener Seelen

Verstrickungen und Schuldgefühle lösen

ISBN 978-3-946959-03-8

Ein erfülltes Leben besteht im Entdecken und Erfahren der eigenen Tiefe, in die alles einfließt, was unser Menschsein ausmacht.

Willigis Jäger

Inhalt

Vorwort

Was für ein arroganter Titel und was für ein überhebliches Unternehmen! Das denke ich selbst so manches Mal.

Ich habe nie danach gestrebt, mit Verstorbenen zu arbeiten. Außerdem hatte ich mit den Lebenden und ihren Problemen genug Arbeit.

Aber die wunderlichsten Geschehnisse im Leben sind die, die man nicht gesucht hat und die dann zu einer Herausforderung werden, der man nicht ausweichen kann.

Also habe ich mich ihr gestellt und wurde reichlich belohnt.

Immer schon haben mich Bücher fasziniert, die sich mit der Grenze zwischen Leben und Tod beschäftigten, Berichte von Nahtoderlebnissen und die Forschungen und Erkenntnisse von Elisabeth Kübler-Ross. Immer war ich auch begierig, von Angehörigen erzählt zu bekommen, *wie* ihr Familienmitglied gestorben, den Weg hinübergegangen war, wenn sie es denn mit mir teilen mochten. Die meisten Menschen sprechen eigentlich gerne darüber, um diese besondere Zeit – wie immer sie war – zu teilen, zu verarbeiten, den Verstorbenen noch dabei zu haben oder aus anderen Gründen.

Aus den Erzählungen anderer und aus den Sterbebegleitungen, die ich inzwischen selbst erlebt habe, weiß ich, dass manche Menschen in Frieden gehen, andere im Übergang noch kämpfen und andere wiederum verbittert und unbefriedet dieses Leben verlassen. So war es mir immer deutlich, dass manche Verstorbene ihre Beziehungen nicht geklärt, ihre Kreise hier nicht geschlossen, ihre Aufgaben nicht erfüllt haben. Ich weiß, dass dies ihren Sterbeprozess beeinflusste, aber ich wusste damals noch nicht, wie sehr dies auch in der Phase nach ihrem Tod noch wirksam war.

Bei manchen Erzählungen über das Sterben naher Angehöriger kam auch manchmal zaghaft eine Bemerkung, dass der oder die Tote in der ersten Zeit einmal oder mehrfach aufgetaucht sei, im Traum, in einem unerwarteten Moment bis hin zu einem Klingeln an der Tür.

Auch Elisabeth Kübler-Ross berichtet von solchen Erscheinungen.

Ich nahm offen alles in mir auf und hielt vieles für möglich.

Ich war mir immer dessen bewusst, dass wir nur sehr wenig wissen über die großen Zusammenhänge und Dimensionen, über all das, was mit unserem begrenzten Verstand nicht zu erfassen ist. Die Naturwissenschaften forschen mit ihren Möglichkeiten in die Weite des Kosmos und in das Innere der kleinsten Teilchen und sie bestätigen auf ihre Weise, dass alles mit allem zusammenhängt und sich im kleinsten Teilchen das Ganze holographisch spiegelt.

Ich war begeistert, obwohl ich im Einzelnen nichts davon verstand. Aber ich war zunehmend unterwegs, dasselbe auf geistigen Ebenen zu tun, nämlich immer weiter in die Tiefen der Psyche vorzudringen und gleichzeitig mein Bewusstsein in geistige Dimensionen hinein zu erweitern und unmögliche Zusammenhänge für möglich zu halten.

So begann ich in den 80er Jahren des letzten Jahrhunderts zu meditieren, was meinen Verstand mehr zur Ruhe brachte und mich Zustände erfahren ließ, in denen Zeit und Raum – unsere Zeit und unser Raum hier – sich auflösten. Anfang der 90er Jahre begab ich mich dann in die Lehre bei einer spirituellen Heilerin und Lehrerin.

Ich hatte bereits eine gute und fundierte Ausbildung in Gestalttherapie, in Körper- und kreativer Therapie. Ich hatte in einer psychosomatischen Klinik gearbeitet, eine eigene Praxis eröffnet und war Ausbilderin für Integrative Therapie an einem renommierten Institut.

Da es mir wichtig war, gut erdverankert zu bleiben und mich in feinstofflichere Höhen zu begeben, ohne den Bodenkontakt zu verlieren, machte ich mit 60 Jahren noch einmal eine Ausbildung, und zwar in Transpersonaler Psychologie und Psychotherapie, in der eben dieses geübt wurde.

So kam im Laufe der Jahre therapeutisches Handwerkszeug, transpersonales Verstehen und energetisches und spirituelles Heilen in meinem Denken, in meinem Leben und Arbeiten zusammen und formte mehr und mehr mein Vorgehen mit meinen Klienten.

Meine Empathie und meine Intuition waren immer schon gut und hatten sich im Laufe meiner Praxisarbeit mehr und mehr vertieft. Ich wusste Antworten, die die Klienten geben würden, ich begriff immer schneller Zusammenhänge zwischen Körper, Gefühl, Denk-Überzeugungen und den dahinter liegenden Ursachen, und mein Körper signalisierte mir zudem die Körperregionen oder Organe, in denen bei den Klienten etwas blockierte oder ein Thema sich manifestierte.

Durch meine Ausbildung in energetischen und spirituellen Heilweisen klärte sich meine Intuition und weitete sich aus.

Meine „übersinnlichen" Fähigkeiten entwickelten sich ständig weiter. Seit Langem empfange ich Informationen aus dem Energiefeld der Klienten oder aus anderen Ebenen und ich kann diese für die Menschen hilfreich umsetzen. Es ist, als wenn die Grenzen durchlässiger geworden wären und als ob ich in die Tiefe, in die Höhe und in die Weite durch sie hindurchgehen könnte.

Auch das Sterben ist keine klare Grenze, sondern ein Prozess. Jeder, der einen sterbenden Menschen begleitet hat, weiß, dass der Übergang sich ankündigt, spürbar wird. Die „Seele" zieht sich aus der irdischen Hülle zurück und man kann die Präsenz einer anderen Dimension spüren. Wenn Hirn- und Atemaktivität aufgehört haben, trennt die „Seele" sich allmählich vom Körper, bis beide nach etwa drei Tagen vollständig voneinander getrennt sind. Erst danach darf bei uns ein Verstorbener begraben werden.

Im Christentum und im Buddhismus gibt es danach eine Frist von etwa sechs Wochen, nach denen noch einmal für die Loslösung des Verstorbenen aus dieser Welt gebetet oder meditiert wird.

In vielen Kulturen gibt es das Wissen, dass die Seele einen Weg geht, dass es so etwas wie ein Hinabsteigen in das Reich des Todes, in ein Zwischenreich gibt, ebenso wie ein Hinaufsteigen in lichte Höhen. Viele unterschiedliche Begriffe und Vorstellungen davon findet man in religiösen und spirituellen Traditionen der ganzen Welt.

Auch mir war die Durchlässigkeit der Ebenen, der Sphären, der Dimensionen schon lange selbstverständlich, bevor die ersten Verstorbenen mich in meiner Praxis kontaktierten.

Wie das?

Ist es doch meine Aufgabe, mein Beruf und meine Berufung, lebenden Menschen in schwierigen Zeiten Hilfestellung zu geben, sie zu hören und sie mit meinen Möglichkeiten auf ihrem Weg der (Selbst-)Heilung zu stärken und zu unterstützen.

In diesen Therapien geschah es immer wieder, dass wir uns mit problematischen Beziehungen zu lebenden oder verstorbenen Familienmitgliedern beschäftigten. Das ist in einer Psychotherapie ganz selbstverständlich. Weniger selbstverständlich war es jedoch, dass ich manchmal die Präsenz eines Verstorbenen, über den wir gerade sprachen, ausgesprochen stark wahrnahm, als wäre er oder sie im Raum. Ich war etwas verwirrt, aber ich ängstigte mich nicht, da ich viele solcher Geschichten kannte. So fasste ich Mut und sagte den Klienten, die ich dafür für offen hielt, was ich wahrnahm, und fragte sie, ob ich mit dem Pendel nachfragen dürfe, ob es so sei oder ob ich mir etwas einbilde. Ich drehte und wand mich manchmal dabei, denn ich wollte meine Klienten nicht erschrecken. Die Angst war unbegründet. Eigentlich alle erlaubten mir die Abfrage und immer wurde meine Wahrnehmung bestätigt. Im weiteren Verlauf fragte ich sie, ob wir den oder die Verstorbene in unseren Prozess einbeziehen könnten. Denn warum sollten sie sonst erscheinen?

Und so begann meine vorsichtige Kommunikation mit Verstorbenen. Wir stellten Fragen und bekamen Antworten, ich nahm ihre Gefühlsqualitäten und Bedürfnisse wahr und hörte ihre Botschaften.

Für mich begann ein unglaublich spannender Prozess und meine Praxis wurde zunehmend eine Therapiepraxis für Lebende *und* Verstorbene.

Zunehmend machten sich auch Seelen bemerkbar, die gar nicht unbedingt etwas mit meinen Klienten zu tun hatten, sondern sie kamen sozusagen für sich selbst. Sie wollten oder brauchten etwas für sich und nahmen den Weg über die Klienten, um meine medialen Fähigkeiten in Anspruch nehmen zu können für ihre eigene Heilung. Trickreich finde ich das und manchmal sage ich ihnen auch lachend, dass jetzt jemand anders dafür bezahlt, dass ihnen geholfen wird.

Von vielen Kontakten mit Verstorbenen habe ich sofort hinterher Gedächtnisprotokolle angelegt. Eine Reihe davon möchte ich – nach bestimmten Themen geordnet – in diesem Buch vorlegen.

Wie man sich vorstellen kann, haben die Erlebnisse und Begegnungen natürlich vielerlei Gedanken in mir angeregt. Ich entwickle daraus keine Aussagen oder Theorien über das Leben nach dem Tod. Aber ich erlaube mir, Linien oder Muster aufzuzeigen, die ich sehe, oder persönliche Schlüsse zu ziehen, die ich in kleinen Exkursen zwischen den Berichten einstreue.

Zwillinge und ungeborene oder gestorbene Geschwister

Zwillinge sind etwas Besonderes. Sie haben eine eigene Identität, sind aber einem anderen Menschen so nah wie sonst niemand. Sie teilen ihre Zeit im Mutterleib und sind während dieser Zeit nie alleine. Viele hängen auch in ihrem Leben weiter aneinander und oft ist der Zwilling dem eigenen Herzen sogar näher als die große Liebe.

Seit einiger Zeit wird nicht nur das Phänomen der lebenden Zwillinge erforscht, sondern auch der Zwillinge, von denen nur einer im Mutterleib überlebt. Inzwischen weiß man, dass etwa jede zehnte Schwangerschaft als Zwilling angelegt ist, es sich aber in den ersten Wochen entscheidet, ob beide oder nur einer leben wird. Die Ärzte können bei der Geburt verhärtete Stellen im Mutterkuchen feststellen, von denen man weiß, dass es ein Hinweis auf einen Zwilling ist. Manchmal wird sogar das Gewebe des gestorbenen Zwillings von dem lebenden umwachsen, so dass es in dessen Körper nachgewiesen werden kann. In diesem Fall beeinflusst der nicht lebensfähige Zwilling das Leben des anderen nicht nur psychisch, sondern ganz konkret.

Eine Bekannte von mir wurde trotz etlicher Bemühungen nicht schwanger. Endlich sagten die Ärzte, man müsse sich das direkt anschauen. Sie fanden am Eierstock einen Gewebeklumpen, der aus Haut- und Haarzellen bestand. Es war eindeutig Gewebe ihres Zwillings. Und er signalisierte ihrem Körper ständig, dass sie doch schwanger *sei.*

Ein aufregendes Büchlein *„Das Drama im Mutterleib"* von Alfred und Bettina Austermann beschreibt Therapieprozesse, in denen deutlich wird, was sich zwischen den Zwillingen und vor allem in der Psyche des (über)lebenden Kindes abspielen kann.

Mutterleibzwillinge

Wir haben Ihren Zwilling herausoperiert

Ein älterer Herr, den ich über lange Zeit, auch im Alterungs- und Sterbeprozess begleiten durfte, erinnerte sich eines Tages an eine Begebenheit, als er 25 Jahre alt war. Er erzählte, dass er damals Schmerzen in der Nähe des Steißbeins bekam und dass die Haut zu nässen begann. Er musste zum Arzt und wurde operiert. Nach der Operation sagte der Arzt freudestrahlend zu ihm: „Ich gratuliere Ihnen, wir haben Ihnen gerade Ihren Zwilling herausoperiert."

Er fand das ganze Geschehen damals sehr merkwürdig und vergaß es mit der Zeit wieder.

Nun, mit über 70 Jahren, traten an derselben Stelle heftige Verspannungen und Schmerzen auf und es hatte sich bereits eine Erkrankung der Nerven und Muskeln entwickelt, die sich von der Leistengegend in die Beine ausbreitete und ihn zunehmend am Gehen hinderte.

Allmählich begriff er einen Zusammenhang zwischen dem Zwilling und seiner Erkrankung. Im Grunde hatte er schon immer einen unerklärlichen Verlust gespürt und so dachte er viel nach. Das Gefühl verstärkte sich, eine Schwester zu haben (er empfand den Zwilling als weiblich), und er trauerte tief, weil sie nicht am Leben war.

Einiges in seiner Lebensgeschichte bekam einen tieferen Sinn: Er hatte eine wesentlich ältere Schwester, die er über alles liebte und die ihn teilweise aufzog. Sie starb nach dem Krieg mit 19 Jahren an Tuberkulose. Er war untröstlich und hat diesen Verlust sein Leben lang nicht verwunden.

Ebenso sehr war er, der erfolgreiche Geschäftsmann, an seine Frau gebunden. Wenn er nach Hause kam und sie nicht da war, wurde er unruhig, und wenn sie ein paar Tage zu ihrer Schwester fuhr, konnte er das Alleinsein zu Hause kaum aushalten. Dann befiel ihn eine große Verlassenheit und eine unerklärliche Angst. Außerdem hatte er bei kleineren Krankheitssymptomen öfter große Angst, an Krebs zu erkranken und zu sterben.

Er verstand, dass er eine Zeitlang mit einer Zwillingsschwester im Mutterbauch gelebt und sie sogar sozusagen in sich hineingenommen und so unwissentlich immer mit ihr gelebt hatte. Und er trug auch ihr frühes Sterben in sich. In seiner Psyche prägten sich die typischen Symptome von Verlassenheitsängsten, Einsamkeitsgefühlen und Todesangst eines Zwillings aus.

Er führte Zwiegespräche mit ihr und nahm sie in sein Leben auf. Irgendwann bestellte er sich einen Anhänger mit dem Sternbild Zwilling. Er wollte sie immer bei sich haben. Und dann meinte er, es sei jetzt Zeit für eine Begegnung und einen Abschied.

Ich bat also ihre Seele in den Raum und sah, wie sie rechts über ihm schwebte.

Ich erzählte ihm, was ich „sah" und was sie „sagte". Sie freute sich, dass sie endlich wahrgenommen wurde und dass sie im Kontakt zu den Menschen und zu ihrem Bruder einmal da sein durfte. Wir würdigten ihr kurzes irdisches Leben und verneigten uns vor ihr. Die Atmosphäre war schön und friedlich, aber Herr K. fiel noch einmal in einen tiefen Schmerz. Nach einer Weile konnte er sie verabschieden und gehen lassen.

Ich selbst sah bunte Lichter, flatternd wie Schmetterlinge, und spürte die große Freude dieser befriedeten und befreiten Seele.

Er trug den Anhänger immer um den Hals und er starb ein Jahr später ohne allzu großen Leidensweg.

Ich wollte leben und gönne dir dein Leben nicht!

Ein anderer Klient ist ein Mann mittleren Alters, schmal und verhärmt. Er ist in seinem Leben und in seinen Beziehungen nie recht angekommen.

Er bezeichnet sich als schwul, lebt jetzt aber in einer Beziehung mit einer Frau und sehnt sich nach einer Familie. Seine Arbeit ist etwas völlig anderes als das, was er einmal studiert hat, und er möchte jetzt auch noch einmal einen ganz anderen beruflichen Weg einschlagen, ohne recht zu wissen, was und wie. Er weiß nicht, wer er ist, wo sein Platz ist, aber auch nicht, wo sein Herz schlägt.

Sein Lebensanfang war schon sehr schwierig: Die Nabelschnur war um seinen Hals gewickelt und er wurde mit der Zange geholt.

Meine Informationen aus höheren Ebenen sagten deutlich, dass er immer noch am Leben gehindert wurde.

Er erzählte, dass seine Mutter vor ihm eine Fehlgeburt hatte. Ich forschte weiter und bekam gesagt, dass er der Überlebende eines Zwillingspaares sei.

Ich fragte den Mann, ob er einverstanden wäre, dass wir den nicht geborenen Zwilling kontaktieren.

Er stimmte zu. Sobald ich ihn rief, füllte eine Welle von Ärger und Wut den Raum. Es schien ein männliches Wesen zu sein, das geradezu vor Wut schnaubte. Ich brauchte ihn gar nichts zu fragen, so klar transportierte er seinen Zorn darüber, dass nicht er lebte, sondern der andere. Es schrie geradezu: „Ich wollte leben!!!"

Hatte dieser enorme Konkurrenzkampf mit bewirkt, dass der lebende Bruder nur unter schwierigen Bedingungen auf die Welt kam und dass er selten die Kraft hatte, für sich selbst einzustehen und für ein eigenes Leben zu kämpfen? Ich war geneigt anzunehmen, dass dies so war.

Es war nun unsere Aufgabe, dieses Wutgeschrei zu hören, zu fühlen und anzuerkennen. Ich sagte ihm, dass wir ihn hören, dass ich seine Wut verstehen kann, und gab ihm mein tiefes Mitgefühl.

Nach einer Weile wurde er ruhiger. Wir verneigten uns und würdigten sein nicht gelebtes Leben.

Ich fragte ihn, ob er noch etwas brauche, um gehen zu können. Ja, es fiel ihm noch schwer, sich aus dieser irdischen Emotionalität zu lösen. Ich bat feinstoffliche Begleiter zu kommen und ihm ihre Begleitung anzubieten. Es brauchte noch eine gewisse Zeit, aber irgendwann sah ich, wie er sich umdrehte und mit seinen Begleitern wegging. Er bedankte

sich sogar und wir verabschiedeten ihn mit dem Wunsch:
„Geh in Frieden."

Herr B. war bewegt. Der Gefühlssturm hatte seine eigene
Gefühlsarmut in Bewegung gebracht. Und jetzt, nach der
Verabschiedung, spürte er auch, dass er ein Geschwister ge-
wonnen hatte.

Nach diesem Kontakt arbeiteten wir weiter an der Auflösung
seines Geburtstraumas und an der Erweckung seiner Gefühle
zu seiner eigenen Lebendigkeit.

„Ich bin frei und leicht"

Eine junge Frau mit einer Essstörung und einer chronischen
Erkrankung tauchte im Zuge der Therapie in ihre Vergangen-
heit ein.

Dabei erfuhr sie, dass sie eigentlich eines von zwei Kindern
im Mutterbauch war.

Sie hatte nach der Geburt viel geschrien, in der Pubertät eine
Essstörung entwickelt. Sie war mit Jungens nicht gut klarge-
kommen, machte einen burschikosen bis zwittrigen Eindruck,
spielte Fußball, war hochintelligent und kam mit ihrer Familie schlecht und mit dem Leben auch nicht besonders gut klar.

Es gab viel Starkes und viel Selbstzerstörerisches in ihrem
Leben. Vor allem litt sie immer wieder unter Gefühlen von
Verlassenheit, Mangel und Leere.

Als sie auf eine lange Reise ging, riet ich ihr, diesen Zwilling
ernst zu nehmen und mit ihm innerlich zu kommunizieren.
Bald schon hatte sie den Eindruck, dass der andere Zwilling
ein Junge sei. Sie gab ihm einen Namen und sprach mit ihm

über ihren Mangel, die Sehnsucht nach etwas und ihr inneres Loch, das sie immer wieder mit Essen zu füllen versuchte.

Als sie wieder bei mir in der Praxis war, beschlossen wir ein Treffen zwischen ihr und dem toten Zwilling.

Wo im Raum nahm ich ihn wahr?

Der tote Zwilling schwirrte unruhig hin und her, auch zwischen ihr und mir. Schließlich sah ich ihn wie einen Vogel. Das Bild wurde immer deutlicher, er ließ sich seitlich zwischen uns nieder und machte den Eindruck einer Taube. Er saß ganz ruhig, alles Flattern hatte aufgehört.

Ich sprach alles aus, was ich „sah" oder fühlte.

Die junge Frau weinte, war erregt und durcheinander. Wir nahmen uns viel Zeit.

Es gab eine erste Phase, in der es darum ging, nur da zu sein, zusammen mit ihm. Er saß ganz ruhig. Sie wurde auch etwas ruhiger und konnte die Gefühle wahrnehmen, die durch sie hindurchgingen.

In einer zweiten Phase fragte sie ihn: „Wie ist es dir im Mutterleib gegangen und mit deinem Sterben?" Er berichtete sehr nüchtern, dass es für ihn klar war, dass er nicht auf irdische Weise lebensfähig wäre und dass sein Aufenthalt im Mutterleib nur eine Stippvisite war. Der Abschied war nicht schwierig, da alles so klar war. Gefühle dazu hatte er nicht.

Ich bat sie, diese Dinge zu hören und auch anzunehmen, soweit möglich. Sie sah, dass sie beide vollkommen unterschiedlich waren. Er sah ihre Bewegtheit, aber er teilte sie nicht.

Langsam beruhigte sie sich.

Dann erschien mir der Zwilling doppelt: einmal saß er weiter auf dem Boden neben uns und gleichzeitig schwirrte, flog oder stand er in der Luft rechts über ihrem Kopf.

„Wie geht es dir?", fragte ich ihn, da er mir eine lebendige Qualität vermittelte.

„Ich bin frei und leicht."

Sie weinte wieder, krampfte sich manchmal zusammen.

Es waren Welten zwischen ihnen, und das wurde ihr nun schmerzhaft bewusst. Eigentlich wollte sie die Taube streicheln. Und sich mit ihm emotional verbinden und so ihre Einsamkeit auflösen. Er sagte: „Wir haben Kontakt auf einer feinstofflichen Ebene. Ich beziehe mich nicht auf dich. Beziehungen gehören auf die Erde. Ich bin in der Freiheit."

Wieder war diese Freiheit und Losgelöstheit des anderen schwer für sie zu hören und die eigene Erdenschwere kaum noch auszuhalten. Eigentlich wollte sie die Taube und der Schmetterling *sein*.

Nach einer Weile fragte sie ihn: „Begleitest du mich?"

„Wenn du es möchtest, tue ich das", war die Antwort.

Sie sollte nun klar sagen, ob sie es möchte.

Sie: „Ja, ich wünsche es mir. Hast du mich immer schon begleitet?"

Er: „Nein, nur in manchen schwierigen Situationen."

Sie: „Hast du einen Wunsch für mich?"

Er: „Dass du lebendig lebst."

Wir schwiegen lange.

Während sie ihren Gedanken und Gefühlen nachhing, was für sie denn *lebendiges Leben* sein könnte, kribbelte mein Kronenchakra stark.

Ich fragte, ob es mit mir oder mit der Klientin zu tun habe. Es hatte mit mir zu tun.

Ich spürte und horchte. Er sagte, dass er mich bei dem Manuskript zu diesem Buch unterstützen wolle bzw. mir Antworten geben könne aus der „Anderswelt", wenn ich über etwas unklar sei oder in Verwirrung geriete.

Ich freute mich sehr.

Wir bedankten uns bei ihm und verabschiedeten uns jede auf ihre Weise.

Er hüpfte in Vogelgestalt davon in den Raum, blieb aber noch eine Weile sitzen mit dem Schwanz zu uns, so dass wir Zeit zum Abschied hatten.

Er hatte uns etwas von der Freiheit einer Seele gezeigt, losgelöst von Emotionen und von Leiden.

Und meine Klientin konnte sich von da an immer wieder an das Bild der Taube neben uns erinnern und sich mit seinem Frieden verbinden.

Zusammen bilden wir eine Brücke

Diese Klientin war sehr auf spirituellen Wegen unterwegs. Das Leben hier fiel ihr nicht unbedingt leicht. Manchmal hatte sie das Gefühl, „auf dem falschen Planeten zu leben".

Wir sprachen über die spirituelle Auffassung, dass wir hier in der Dualität nur zu Besuch sind, um Erfahrungen zu machen, uns einzubringen, bis wir wieder „nach Hause" gehen.

Geschwister von einem verstorbenen Zwilling haben oft eine starke Verbindung „zur anderen Seite".

Auch sie war der überlebende Teil eines Zwillingspaares. Der „andere" erschien ihr männlich. Sie gab ihm einen schönen Doppelnamen und kommunizierte dann und wann mit ihm.

Sie wollte gerne ein Treffen mit ihm und so baten wir ihn herbei.

Sie spürte, dass er vor ihr saß, irgendwie an ihren Solarplexus angedockt. Es fühlte sich für sie und für mich gut an. Eine sanfte Energie stand im Raum.

Ich sah, dass ihr rechtes Bein in eine helle Energie eingepackt war. Ihr Knöchel tat weh und sie erinnerte sich, dass sie am Ende der Pubertät einen Bänderriss dort hatte.

Ihr Einstieg in die Welt war unterbrochen, irgendwie abgerissen. Und jetzt vor kurzem, nachdem die Kinder aus dem Haus waren und sie wieder mehr ihr eigenes Leben gestalten könnte, hatte dasselbe Bein erneut einen Bänderriss, der sie ausbremste. Sie fragte sich, was das bedeutete. Es schien ein zeitweiliger Unwillen oder eine Unfähigkeit zu sein, fest auf dieser Erde zu stehen und zu gehen. Dabei widmete sie ihr Leben doch der Manifestation spiritueller Werte hier auf der Erde.

Sie sagte ihrem Zwilling dies. Er entgegnete: „Ich begleite dich ständig. Ich lebe transformiert in der Anderswelt, der feinstofflichen Welt, du in der materiellen. Deshalb kann ich dir helfen. Du kannst dich immer an mich wenden. Zusammen bilden wir eine Brücke von der einen zur anderen Welt, über die auch andere gehen können."

Sie war berührt und gestärkt. Sie wusste wieder, wo sie stand und was ihre Aufgabe war. So konnte sie einen Teil ihrer Selbstabwertung und ihres Kampfes gegen sich selbst loslassen, wissend, dass sie Teil einer Brücke ist, immer mit einer Verbindung „nach drüben".

Verstorbene Geschwister

Eine Geschwisterverbindung ist immer da, ganz gleich, ob das Geschwister mit einem verbunden ist, ob man sich zerstritten hat oder ob es gestorben ist. Selbst, wenn man gar nichts von ihm weiß, z. B. wenn es nur eine kurze Zeit im Mutterleib gelebt hat oder wenn es in der Familie totgeschwiegen wird, ist man unbewusst mit ihm verbunden. Alle sind sie Teil des Familienverbundes, meist mehr, als wir denken.

Diese Kontakte sind nicht ganz so eng wie die mit einem Zwilling, aber meine Kontakte mit verstorbenen Geschwistern geben Aufschluss darüber, auf welch vielfältige Weise auch sie in unser Leben hineinwirken können.

Eine Klientin kam zu mir, weil sie räumlich in die Nähe ihrer alten Mutter zurückgezogen war. Sie kümmerte sich auch liebevoll um sie, merkte aber, dass sie sich überverantwortlich verhielt und sich innerlich nicht genügend abgrenzen konnte.

Dafür gab es mehrere Gründe. Einer war, dass ein Geschwister, ein Bruder, vor ihr mit der Nabelschnur um den Hals geboren wurde und zwei Tage später starb. Die Mutter traute sich aber, noch einmal schwanger zu werden. Wie fast immer floss jedoch die Angst der Mutter vor einem erneuten „Unglück" in die Schwangerschaft mit ein. In diesem Falle gab es schon im Mutterleib so etwas wie eine Zuschreibung der Mutter an das werdende Kind im Sinne von: „Du darfst mich nicht auch noch verlassen."

Während sie davon erzählte, fragte ich nach dem Namen des Bruders. Sie erinnert sich gleich an den zweiten Namen. Er war Leo, der Löwe. Ich musste lächeln, denn die Klientin hatte eine rote Löwenmähne. Sollten die beiden vielleicht doch enger verbunden sein als gedacht? Sie berichtete, dass sie sich nach einer Familienaufstellung einen etwas männlich wirkenden Ring gekauft habe als Verbindung zu ihm.

Da tauchte Leo auf, ohne dass wir ihn explizit darum gebeten hatten. Er war einfach schon da und zeigte sich jetzt. Er wirkte jung und lebensvoll und machte deutlich, dass er eigentlich hatte leben wollen. Aber er war nicht wütend darüber, dass es ihm nicht gelungen war. Dann wandte er sich seiner Schwester zu und sagte: „Ich gebe dir von meiner Löwenkraft, wenn du sie haben willst und sie brauchst."

Er bot es an, ließ sie aber vollkommen frei. Er selbst wirkte aufrecht, abgegrenzt und frei. Damit war er eine gute Hilfe für ihre Abgrenzung und Freiheit im Bezug zu ihrer Mutter.

Die Klientin und ich machten uns nun daran, die in das Embryo eingeschriebene Botschaft der Mutter „*Verlass mich nicht auch noch!*" aufzulösen.

Da schaltete Leo sich ein. Ich sah ein sehr klares Bild, wie er ein Seil aus dem Embryo herauszog. Es schien ganz leicht zu gehen.

Ich schaute ganz erstaunt, lehnte mich zurück und die Arbeit wurde für mich getan. Und ich wusste: es ist die Angst seiner Mutter, die aus seinem eigenen Tod entstanden ist, die er nun aus seiner Schwester entfernt.

So wurde ich erstmalig Zeugin, wie ein Verstorbener etwas in einer Lebenden heilt.

Wir beschlossen die Stunde in großer Dankbarkeit.

Es ist gut, sich an verstorbene oder ungeborene Zwillinge und Geschwister zu erinnern, ihnen einen Platz in der Familie zu geben und offen zu sein dafür, dass sie vielleicht noch etwas von uns brauchen oder dass sie eine Botschaft für uns haben. Auch gibt es, wie wir gesehen haben, das Angebot der Unterstützung für das lebende Geschwister.

Hierfür könnte ich eine Reihe von Beispielen anführen. In ihnen stand jedoch der Kontakt mit dem verstorbenen Geschwisterkind nicht im Vordergrund. Es kam aber immer wieder vor, dass eines sich einschaltete, um der jeweiligen Klientin in einem schwierigen Prozess Unterstützung zu geben.

Ungeborene Kinder

Eine Frau berichtete, dass ihre Mutter, die vor zwei Jahren verstorben war, in den Fünfzigerjahren zwei Abtreibungen hatte. Sie waren beide medizinisch indiziert. Die Klientin fragte, ob diese Seelen wohl im Frieden seien. Meine Information dazu war, dass es den Kinderseelen gut ging und gleichzeitig bemerkte ich, dass die Mutter in der Zimmerecke hinter mir saß, klein und bedrückt. Es war offensichtlich, dass *sie* nicht im Frieden war. Sie wünschte sich Vergebung.

Mir wurde zunächst körperlich übel. Mir kam der Gedanke, wie bei einer Abtreibung der Embryo möglicherweise im Mutterleib zerstückelt wird.

So wandten wir, die Klientin (Tochter) und ich, uns der Mutter zu mit dem Mitgefühl der Frauen, die selbst einmal schwanger waren. Wir erkannten die quälenden Entscheidungsprozesse an, in denen das eigene Leben gegen das eines Kindes abgewogen werden muss. Wir wurden ganz still bei der Betrachtung einer solchen Herausforderung.

Währenddessen nahm ich wahr, dass die Mutter größer wurde und gleichzeitig aus ihrem Brustraum eine Art brauner Sack quoll. Mir war klar, dass sie ihre Schuldgefühle nach außen brachte. Obwohl sie als Katholikin diese Schwangerschaftsunterbrechungen mehrmals gebeichtet hatte, waren die Schuldgefühle in ihr nie verschwunden. Jetzt wuchsen sie sogar noch, so dass sie unübersehbar waren.

Nun erschienen die beiden Seelen geschwisterlich nebeneinander oben im Raum, der Mutter gegenüber. Sie wirkten leicht, während die Mutter fühlbar belastet war. Mutter und Kinder schienen im feinstofflichen Raum keinen Kontakt miteinander gehabt zu haben. Vermutlich hatten die Schuldgefühle die Mutter zu sehr an die Erde gebunden.

Die Mutter zeigte ihnen, was aus ihrer Brust herausquoll, und dieser „Sack" bewegte sich langsam nach oben zu den Kinderseelen, als würde er gezogen. Die Mutter sah es erstaunt und fragte, was sie denn damit machen würden. Sie warfen den „Sack" einfach hinter sich, in den freien Raum, in dem sich alles auflösen, erlösen kann.

Die Mutter seufzte tief vor Erleichterung. Ich sagte ihr noch, dass Schuld und Schuldgefühle zum Erdenleben gehören und dass sie alles hierlassen könne, um sich dann – befreit – in die anderen Sphären begleiten zu lassen.

Das letzte Bild, das mir erschien, zeigte Mutter und Kinderseelen in einer innigen Umarmung.

Es herrschte große Freude und auch wir beiden Frauen waren berührt von dieser „Wiedervereinigung" in Vergebung.

Exkurs: Zwischenwelten und Zwischenzustände

Mit wem spreche ich eigentlich bei meinen Begegnungen? Ich weiß es nicht wirklich. Ich nenne sie einfach *Tote* oder *Verstorbene*.

Das mag merkwürdig wirken. Könnte ich mich nicht etwas klarer ausdrücken? Könnte ich nicht nach Informationen fragen über den Ort, an dem sie sich aufhalten, oder über den Zustand, in dem sie sich befinden? Antworten darauf könnten doch interessant oder gar wichtig für uns Lebende sein.

Das ist richtig. Und wenn ich mich dies selbst frage, bekomme ich ganz klar die Information, dass dies nicht meine Aufgabe sei. Und ich bin sehr zufrieden damit.

Meine Aufgabe ist es, offen zu sein für die Anliegen der Verstorbenen, die von sich aus Kontakt zu mir aufnehmen. Sie tun dies im Rahmen meiner Praxisarbeit und meistens über den Umweg über eine Klientin oder einen Klienten.

Aus dem letzten Jahrhundert gibt es verschiedene Aufzeichnungen von Kontakten mit Verstorbenen. Der Unterschied: Es waren immer die Lebenden, die ein Medium aufsuchten, über das sie Kontakt zu einer Person ihres Lebens herstellen wollten. Sie taten es oft aus Sehnsucht nach dem verstorbenen Menschen, den sie sehr vermissten, oder aus dem Bedürfnis heraus, noch etwas zu klären.

Ende des letzten Jahrhunderts wurde James van Praagh sehr bekannt als medialer Vermittler zwischen Lebenden und Verstorbenen. In seinen Aufzeichnungen wird auch schon deutlich, dass nicht nur die Lebenden Bedürfnisse haben, sondern auch die Verstorbenen manchmal noch etwas brauchen. Meistens haben sie einen Wunsch nach Vergebung.

In einigen Fällen sind es auch Verstorbene, die den Wunsch verspüren oder es als ihre Aufgabe sehen, den Lebenden „von der anderen Seite" zu berichten. Beispielsweise berichtet ein im 1. Weltkrieg gefallener junger Künstler nach seinem Tod über ein Medium seinen Schwestern von seinen Seelenerlebnissen nach dem Tod und der Weiterentwicklung der Seelen im jenseitigen Bereich überhaupt.

Ebenso berichtet ein junger Mann, der sich mit 20 Jahren das Leben nahm, seiner Mutter über sein Leben danach. Über ein Medium werden ihm viele Fragen gestellt und er teilt in Gesprächen sein Wissen über körperlose Seelen, über die Struktur des Bewusstseins und vieles mehr mit.

Ich lese solche Bücher mit Interesse und bleibe jedes Mal mit dem Gefühl zurück, dass es so sein könnte, aber genauso gut auch ganz anders. Die Berichte des jungen Soldaten sind z. B. ganz deutlich von christlichem Gedankengut gefärbt und damit noch in eine christliche, subjektiv erlebte Zwischenwelt eingebunden.

Ich selbst beschränke mich auf das, was mir in meinen Kontakten deutlich wird. Zu mir „kommen" Verstorbene, die sich in einem Zwischenzustand befinden. Mit einem Teil ihrer Energie, ihres Bewusstseins, sind sie noch mit dem Erdenleben verbunden oder ihm verhaftet. Sie hängen sozusagen zwischen zwei Welten. Einerseits brauchen sie Hilfe, um sich aus diesem Zwischenzustand zu lösen. Sie brauchen es, gesehen, gehört, geheilt, gelöst und manchmal weggeschickt zu werden. Andererseits haben sich einige entschieden, eine

Weile in diesem Zwischenzustand zu bleiben, um in die Erdenwelt hineinzuwirken, zum Wohle einzelner Menschen oder für die globale Entwicklung insgesamt.

Inzwischen begreife ich, dass der Grad ihrer Verhaftung an das Irdische und der Grad der Weiterentwicklung und der gewonnenen Freiheit ihres Bewusstseins sehr unterschiedlich ist. Ebenso unterschiedlich ist der Grad ihrer geistigen Blindheit oder ihrer wachen Präsenz in dem neuen Zustand.

Ich gehe also von einer sprunghaften oder stufenlosen Verwandlung und Lösung der Verbindung zur Erde aus.

Eine Hilfe und Unterstützung, dass diese Weiterentwicklung, Heilung und Befreiung der noch erdgebundenen Anteile geschehen kann, bietet offensichtlich auch mein Vorgehen durch eine Zusammenarbeit des Verstorbenen, der Klienten und meiner Fähigkeit als Medium.

Während und am Ende eines Kontaktes kann ich immer wahrnehmen, dass und wie sich der Zustand der Toten verändert, wie sich die Erdverhaftung löst und sie sich entfernen.

Botschaften

Botschaften von Verstorbenen kommen meist nicht allein, sondern sind Teil eines Kontaktes, in dem es zunächst um andere Dinge geht: das Lösen von Verstrickungen, das Wahrgenommenwerden durch Familienmitglieder oder die Transformation von Emotionen, die noch mit der Erde verbunden sind.

Wenn diese Arbeit getan ist und ich das Gefühl habe, dass etwas noch nicht abgeschlossen ist, frage ich, ob es vielleicht noch eine Botschaft gibt. Häufig ist das so und häufig berühren sie die Empfänger stark.

Hier erwähne ich nur zwei kleine Beispiele. Andere finden sich eingewoben in Berichte über andere Themen, in denen die Botschaften nicht vorrangig sind.

Ich erinnere mich, dass ich selbst auch einmal Botschaftsempfängerin war. Meine Klientin berichtete von der Trauer über ihre verstorbene Großmutter. Sie war genau so gestorben, wie sie es nicht wollte, nämlich mit lebensverlängernder Medizin. Plötzlich spürte ich, dass diese Oma im Raum war, und gleichzeitig fühlte ich, wie ich kräftig vorne am Pullover gezogen wurde. Sie herrschte mich an, ich solle dafür sorgen, dass dies mit anderen Menschen nicht passieren dürfe.

Da ich sowieso sehr mit diesen Fragen beschäftigt bin, versprach ich ihr, mich darum zu kümmern. Aber ihre Vehemenz hatte mich doch erschreckt.

In einer anderen Sitzung bat mich die längst verstorbene Mutter eines älteren Herrn um eine energetische Abtrennung von ihm. Sie fühlte sich von ihm, dem Sohn, noch immer festgehalten und sie sagte mir, sie könne sich so nicht von der Erde lösen. Nachdem ich die energetische Abtrennung gemacht hatte, fragte ich sie, ob sie noch eine Botschaft habe. Sie sagte kurz und knapp zu ihrem Sohn: „Wach auf! Nimm deine Gefühle wahr und zeig sie. Geh voran!"

Dieser ältere Herr hatte zu der Zeit eine Freundin, die seine Gefühle herausforderte, und er hatte große Angst, sich wirklich einzulassen. Somit war die Botschaft für ihn so etwas wie ein letztes Vermächtnis seiner Mutter an ihn.

Eine andere Botschaft hätte ich überbringen sollen. In der örtlichen Zeitung stand die Todesanzeige einer jungen Frau, die schon zum zweiten Mal eine Lebertransplantation bekommen hatte. In der Zeit gab es Skandale um gefälschte Dringlichkeitslisten für Transplantationen. Das betraf sie nicht, aber so kam sie wohl in die Zeitung. Die Leber wurde abgestoßen und sie starb, Mutter eines kleinen Kindes. Ich schnitt die Todesanzeige aus und legte sie auf meinen Meditationsplatz. Eines Abends war klar, ich solle sie kontaktieren. Es ging ganz einfach. Sie erschien mir jung und fröhlich und war ganz gelöst. Ob ich etwas für sie tun könne? Ja, sie hätte Botschaften, die ich überbringen möge.

An ihre kleine Tochter (etwa 4 Jahre): „Ich hab dich lieb und ich begleite dich. Du kannst mir jederzeit was erzählen oder mich was fragen und mit mir sprechen, wie wenn ich bei dir wäre."

Und an ihre Mutter: „Ich hab dir viel Sorgen bereitet, nicht nur mit der Krankheit. Ich bitte dich um Verzeihung. Und ich bin dir sehr dankbar, dass du meine Tochter aufziehst an meiner statt."

Sie wurde traurig.

Der Kontakt war fertig. Sie war weg und ich hatte ein Problem. Ich kannte die Menschen nicht. Ich hatte keine Adresse und fand auch keine im Telefonbuch. Und wenn ich sie hätte, wie könnte ich zu wildfremden Menschen gehen und sagen: „Hören Sie, ich habe eine Botschaft von Ihrer verstorbenen Tochter."

Ich ließ eine kleine Zeit verstreichen und beschloss zu versuchen, den Kontakt auf energetischem Wege zu legen, so dass Mutter und Tochter die Botschaften (hoffentlich) direkt von ihr empfangen könnten.

Das tat ich und hatte auch keinen weiteren Kontakt zu ihr.

Exkurs: Hellsichtiges Wahrnehmen

Vielleicht ist es nötig, einen kleinen Exkurs darüber einzuschieben, wie ich Verstorbene und ihr Umfeld überhaupt wahrnehme. Es ist ja inzwischen bekannt, dass es nicht nur Hellsichtigkeit gibt, sondern auch Hellhören, Hellspüren, Hellfühlen und Hellwissen. Jede mediale Persönlichkeit hat ihre Weise oder Weisen, wie die Informationen zu ihr kommen, auf welchem Wege sie sie wahrnimmt und wie sich der Kontakt gestaltet.

Bei mir mischen sich die Formen.

Wenn sich ein Verstorbener oder eine Verstorbene im Praxisraum meldet, *spüre* ich zunächst die Anwesenheit und kann sie oft auch im Raum lokalisieren, auch im Verhältnis zu der Person (meiner Klientin), mit der er oder sie in Beziehung steht.

Auf welche Weise ich den Verstorbenen dann wahrnehme, hat viel damit zu tun, was sie vermitteln möchte oder was sie braucht. Je nachdem werden verschiedene Kanäle bei mir aktiviert. Geht es um emotionale Klärung, so *fühle* ich die Qualität der Gefühle, um die es geht. Ich *fühle* Trauer, Wut, Schuldgefühle, Verwirrung, ohne dass ich mich involviere. Es ist in jedem Moment klar, dass es hier um die Gefühle der Verstorbenen geht und nicht um meine eigenen oder die der Klienten. *Fühlend weiß* ich dann, worum es geht. Wenn ich es noch nicht präzise genug weiß, frage ich und *höre* dann oder *weiß* die Antwort.

Manchmal *sehe* ich in erster Linie. Dann sehe ich den Anteil der Verstorbenen, der noch mit der Erde verbunden ist, ähnlich wie eine Wolke, leicht, manchmal durchsichtig, manchmal nicht. Bei einem Autounfall beschreibe ich, wie mir ganz klar die Verbindung der schwebenden Seele zu der Straße gezeigt wurde, wo der Unfall geschah. Oder ich sehe ganz deutlich den Sack voller Schuldgefühle bei der Frau mit den Abtreibungen. Über den Kanal Wissen *weiß* ich dann, was zu tun ist. Wenn meine Arbeit getan ist, *sehe* ich immer eine Veränderung: die Wolke löst sich auf und verschwindet. Und ich selbst *fühle* mich erleichtert. Manche Verstorbenen sehe ich auch in Begleitung von anderen Wölkchen. Ich *weiß* dann, es sind ihre Begleiter in den anderen Dimensionen. Nachdem irdische Verstrickungen gelöst sind, gehen einige Seelen befreit mit den Begleitern weg. Bei anderen muss ich diese Verbindung noch stärken und sie bitten, sich den feinstofflichen Begleitern anzuvertrauen. Wenn eine Seele der Erde noch sehr verbunden ist, sehe ich zwar keine menschliche Gestalt, aber ich weiß, dass sie zu uns herschaut. Wenn die Arbeit getan ist, gehen manche Seelen zwar langsam weg, schauen sich aber immer noch über die Schulter zu uns um, als könnten sie noch nicht ganz loslassen.

Manchmal, aber selten, *sehe* ich auch ganz klare Formen: eine helle Person hinter der Klientin, die ihr die Hände auf die Schultern legt. Sie ist unschwer als Großmutter einzuordnen. Im Mutterleib verstorbene Zwillinge *sah* ich als Schmetterling oder als Taube, die dann wieder bestimmte Gefühlsqualitäten abstrahlen. Verstrickungen zwischen Lebenden und Verstorbenen *sehe* ich auch als Seile, Bänder oder Fäden. Ich kann *sehen*, wo sie an der lebenden Person angebunden sind. Ich *erspüre* die Qualität und *weiß*, was zu tun ist.

Insgesamt befinde ich mich in einem inneren Wahrnehmungsraum, in dem mir alle Kanäle zur Verfügung stehen.

Ich schließe dabei die Augen, sozusagen zum Wechsel von außen nach innen. Ich gehe aber in keiner Weise in Trance, sondern ich bin voll präsent, sowohl in dem Kontakt mit der Klientin, im Kontakt mit der Verstorbenen, in mir selbst als auch im gemeinsamen Energiefeld. Und ich kann blitzschnell von einem Fokus zum anderen wechseln.

Das ist natürlich die Frucht jahrelanger Übung und Erfahrung. Und ich muss sagen, diese Arbeit macht mir ungeheure Freude.

Ein besonderer Zugang zu den Prozessen ist der Zugang über meinen eigenen Körper. Da ich unter anderem in Bewegungstherapie ausgebildet bin, ist meine Körperwahrnehmung hoch entwickelt, ebenso wie das Bewusstsein des Zusammenspiels zwischen Körpersensationen, Emotionen, Gedanken und dem sozialen Feld. Das kommt mir natürlich in meiner (normalen) Therapiearbeit zugute. Mein Körper wird aber – meist überraschend – manchmal auch von einem Verstorbenen zur Heilung genutzt. Unvermittelt sitzt mir ein Mann auf dem Schoß, der stellvertretend noch einmal von seiner Mutter gehalten werden möchte, bevor er ganz gehen kann. Im Kapitel über die im Krieg Umgekommenen, aber auch unter den Selbstmördern finden sich mehrere Beispiele.

Ich selbst muss meinen Körper auch manchmal einsetzen, z. B. bei der Durchtrennung von fesselnden Seilen, wenn es um emotionale Verstrickungen geht. Nach dem Akt der Durchtrennung muss ich mich oft zwischen die Klientin und den Verstorbenen stellen und einen Abstand zwischen ihnen schaffen. Es kam auch vor, jedoch nur selten, dass ich einen Verstorbenen angeschrien habe. Es scheint Personen zu geben, die in Verwirrung zwischen den Welten hängengeblieben sind, die taub und blind verharren oder sich nicht bewegen können. Einen schrie ich an, er möge begreifen, dass er tot sei. Ich rüttelte und schüttelte ihn, um ihn aus der Erstarrung zu befreien. Dann hatte ich den Auftrag, ihn darüber zu belehren, dass er jetzt woanders sei, wo er neue Erfahrungen in einem anderen Zustand machen könne und solle.

Es fühlt sich für mich merkwürdig, ja beinahe absurd an, dass ich als Lebende, die wenig von der anderen Seite weiß, einen Verstorbenen belehren soll, der doch schon auf der anderen Seite ist.

Aber ich lerne immer wieder daraus, dass die Grenzen fließend und durchlässig sind und dass wir etwas füreinander tun können.

Freitod

Für die Zurückbleibenden gehört es zu den schrecklichsten Erlebnissen, wenn ein Freund oder ein Mitglied der Familie sich das Leben nimmt. Genauso vielschichtig wie die Prozesse, die dazu führen, sind die Prozesse, die danach ablaufen. Die Gefühle überschlagen sich: Entsetzen, Verwirrung, Wut, Unverständnis, Schmerz. Oder es regt sich gar nichts. Das Gefühlsleben ist wie erstorben.

Und unendlich viele Gedanken kreisen um das Geschehen: Was ist passiert? Wie ist es geschehen? Warum, warum, warum?

Und noch mehr: Habe ich etwas übersehen, hätte ich es verhindern können und bin ich mitschuldig?

Mit all diesen Fragen, verwirrten Gedanken und Schuldgefühlen bleiben die Hinterbliebenen zurück. Meist gibt es keine wirkliche Klärung und so bleiben die Lebenden mit den Verstorbenen verhakt.

Und die Menschen, die sich selbst getötet haben, wie geht es ihnen? Sie haben ja meist eine für sie unerträgliche oder ausweglose Situation beendet mit einem Akt der Gewalt gegen sich selbst. Auch sie sind ohne Klärung und ohne Abschied von dieser Welt gegangen. Manchmal haben sie einen Brief hinterlassen. Auch sie bleiben in der Verstrickung und sind meist ohne Frieden.

Beide Seiten sind oft ungeheilt.

So ist es nicht verwunderlich, dass ich in der Praxis mit Menschen und Verstorbenen zu tun habe, die dieses Thema quält.

„Alles ist in Ordnung"

Ein junger Klient kam zu mir. Er hatte eine feste Beziehung. 14 Tage nachdem er mit seiner Freundin zusammen in eine gemeinsame Wohnung gezogen war, erlitt er einen Kreislaufkollaps, fühlte sich enorm geschwächt und war lange Zeit arbeitsunfähig.

Als er davon erzählte, kam sofort die Information, dass dies etwas mit der neuen Wohnung zu tun hat. Und zwar wurde mir mitgeteilt, dass sich dort ein Mann getötet habe, der sich nun über die Schwächung des neuen Bewohners (der dann mein Klient wurde) einen Zugang zu mir verschaffte. Dem Klienten war natürlich nichts von der Selbsttötung bekannt. Man vermietet ja auch nicht eine Wohnung mit dem Hinweis, dass sich dort jemand das Leben genommen hat.

In der nächsten Stunde befasste ich mich mit dem Verstorbenen. Ich erfuhr nicht viel von ihm. Aber ich spürte: er lechzte nach Erlösung. Ich bat seine und meine feinstofflichen Begleiter dazu, um meine Aufgabe in diesem Prozess zu sehen. Aber das alles war ganz unnötig. Es ging überraschend schnell. Er wollte auf meinen Schoß. Schon saß er da und wollte gehalten werden. Er wollte nur gehalten werden und sich geborgen fühlen. Also umfing ich ihn auf meinem Schoß, ließ schweigend und voller Mitgefühl einige Zeit verstreichen, bis mir die Worte kamen: „Alles ist gut. Alles ist in Ordnung." Ich sagte dies mehrfach laut und nach einer weiteren Weile löste er sich von mir und verschwand.

Anschließend machte ich eine Energiearbeit für den Klienten, um diese Schwächung, die mit dem Verstorbenen zu tun hatte, zu löschen.

Bereits in der nächsten Stunde fühlte der Klient sich gar nicht mehr schwach. Im Gegenteil. Er war aufgeladen mit einer gehörigen Wut auf den Noch-Ehemann seiner Freundin. Im Laufe der Energiearbeit wurde deutlich, dass es hier eine Verbindung zwischen dem Noch-Ehemann und dem Verstorbenen gab. Beide hatten eine heftige, ungeklärte Wut in ihrem Beziehungsgeflecht.

Oft ist es so, dass der Mensch, der von einem Toten kontaktiert oder auf irgendeine Weise ergriffen wird, ein Problem ähnlicher Art hat wie der oder die Verstorbene. An dieser Stelle ist eine Verbindung dann leichter möglich. Ein Alkoholiker kann leichter von einem verstorbenen Alkoholiker kontaktiert werden. Die Grenze ist an dieser Schwachstelle eben durchlässiger.

In dem beschriebenen Beispiel gab es ein deutliches Eifersuchts- und Konkurrenzproblem bei meinem Klienten und meine Information war, dass der Verstorbene ebenfalls gravierende Beziehungsprobleme hatte.

Wut auf sich selbst

Eine Klientin, eine spirituelle Frau, die selbst Informationen von anderen Wesen erhält, berichtete mir immer mal wieder, dass sie oft an bestimmte Verstorbene denken muss und dann den Eindruck bekommt, „jemand" versuche sich bemerkbar zu machen. Da sie diese Heilung von Verstorbenen noch nicht selbst tun konnte, berichtete sie mir davon und wir arbeiteten gemeinsam.

Diesmal war es ein Referendar aus der Zeit, als sie vor langen Jahren auf der pädagogischen Hochschule war. Er hielt den

Druck damals nicht aus und nahm sich das Leben. Jetzt kam er ihr immer wieder in Erinnerung.

Ich nahm Kontakt auf.

Ich sah ihn, wie er – etwas vornübergebeugt – von rechts nach links tigerte und wieder zurück. Er hatte offensichtlich keine Ruhe gefunden. Er schaute auf sein Tun und schüttelte den Kopf.

Ich fragte ihn, ob er bereut, dass er sein Leben selbst beendet hat. „Nein, das ist es nicht. Ich bin so wütend, weil ich so feige war. Ich bin so wütend, dass ich nicht mit all meiner Angst und Verzweiflung den ganzen Laden zusammengebrüllt habe, so dass jeder begriff, wie es in mir aussah. Sie hätten mich vielleicht in die Klapse gebracht, ja. Und danach hätte ich ein neues Leben anfangen können."

Ich war getroffen von der unerwarteten Wut und nickte schweigend, denn ich konnte das gut verstehen. Einen Moment lang waren wir verbunden in der traurigen Wut, der wütenden Trauer, dass ihm dies nicht gelungen ist. Nach einer Weile fragte ich ihn, ob er noch etwas brauche. Er verneinte und sagte, dass er sich nun beruhigen könne, nachdem seine Wut und seine Verzweiflung von jemandem gehört und gesehen worden sei.

Abgrenzung

Eine Klientin hatte ein Bekleidungsgeschäft. Sie erfuhr, dass eine frühere junge Mitarbeiterin von ihr, zu der sie ein gutes Verhältnis hatte, sich das Leben genommen hatte. Der Schock war groß, das Verständnis aber auch. Diese junge Frau war manisch-depressiv gewesen und hatte sehr darunter gelitten.

Dieses Ereignis lag schon einige Zeit zurück, als die Klientin, eine sehr feinspürige und spirituelle Frau, wieder zu mir kam. Sie fühlte sich seit einiger Zeit geschwächt und wusste, dass sie sich mehr gegen die Erwartungen anderer abgrenzen muss. Während sie in meinem Therapieraum übungsweise Sätze der Abgrenzung zu bestimmten Menschen vor sich hin sagte, musste sie plötzlich lachen. Und sie fühlte, dass die junge Frau an ihrer Seite war und mit ihr lachte. Sie bestärkte sie in ihrer Form von Abgrenzung, hatte sie sich doch mit ihrem selbstgewählten Tod am allerklarsten abgegrenzt.

Am Ende der Stunde kam die Information, dass die junge Frau ihrerseits noch etwas brauchte.

Also kontaktierten wir sie beide.

„Was brauchst du? Was ist noch offen?"

Keine Antwort. Stattdessen saß sie auch plötzlich auf meinem Schoß und legte sich in meinen Arm. Es ging nicht um Worte, nicht um Klärung, nur um Gehaltenwerden und Geborgenheit. Ruhe breitete sich aus. Dann rutschte sie sozusagen eine Etage tiefer auf die Erde und schmiegte sich zwischen meine Knie.

Irgendwann wussten wir drei, dass alles in Ordnung ist, und so verschwand sie nach unten, von meinem Schoß in den Schoß der „Mutter Erde".

Hier hatte eine Befriedung stattgefunden, die auch die Klientin und mich mit in ihren Frieden nahm.

Kontakt zwischen den Welten

Eine Klientin mittleren Alters hatte sich schon lange mit ihrem Mann auseinandergelebt und war einem anderen Mann begegnet, mit dem sie Neues erleben konnte und der ihr half, mehr zu sich selbst zu finden. Dieser Mann war ebenfalls verheiratet.

14 Tage nachdem meine Klientin ihren Mann über das Verhältnis und eine mögliche Trennung von ihm informiert hatte, erhängte sich der Freund.

Wenige Wochen danach kam sie zu mir. Schock und Schmerz waren schon etwas zurückgetreten, denn sie hatte bemerkt, dass dieser Freund sie aus den anderen Sphären begleitete. Sie sprach viel mit ihm, war sich aber unsicher, ob die Antworten von ihm kamen oder ihrer Fantasie entsprangen. Jedenfalls half es ihr sehr. Sie hatte den Eindruck, dass er ihr half, ihr Bewusstsein zu erweitern und neue Erkenntnisse zu gewinnen. Er wurde ihr zur Brücke zu sich selbst und zur Brücke in die „Anderswelt". Trotz des Schmerzes stand sie stabiler in ihrem Alltag als zuvor.

Es war klar, dass er die veränderte Situation nicht ausgehalten hatte, dass er sich gegenüber seiner Frau und seinen erwachsenen Kindern nicht offen positionieren konnte. So blieben alle verstrickt.

Ich fragte sie und auch den Verstorbenen, ob ich versuchen dürfte, die Verstrickung mit seiner Familie zu lösen. So war es über energetische Heilarbeit und eine Form von Aufstellungsarbeit möglich, die ungelösten Dinge zwischen ihm und seiner Familie zu klären. Die Kinder mussten lernen, die Schwäche des Vaters zu sehen und seine Ausweglosigkeit. Die Ehefrau erkannte auch, welchen Anteil sie an der ganzen Geschichte hatte.

Der Verstorbene fühlte sich danach befreiter.

In einer weiteren Therapiestunde war es offensichtlich für mich, dass er mit ihr, seiner Freundin, sprechen wollte. Ich stellte den Kontakt her.

Sie stand ihm gegenüber und begann ununterbrochen zu fragen, zu sprechen, ihm zu sagen, was er noch tun müsse. Ich muss dazu sagen, dass sie eine sehr aktive, zupackende Frau war, der es schwerfiel, sich Ruhe zu gönnen und nur zu horchen.

Es fiel auf, dass er kaum zu Wort kam und dass sie sofort auf alles eine Entgegnung hatte.

So kam es, dass ich mich auf seine Seite stellte und sie plötzlich aus einem inneren Impuls heraus anschrie: „Hör endlich auf. Du weißt immer, was gut und richtig ist und was andere oder du selbst tun oder lassen müssen. So kommst du doch nicht zur Ruhe und so kann ich dich nicht erreichen."

Natürlich hatte ich seine Worte gesprochen. Sie erschrak und schwieg. Nach einer kleinen Pause sagte er durch mich ganz ruhig: „Darum geht es doch jetzt gar nicht. Ich wollte dir etwas sagen."

Nun war sie bereit zuzuhören. Und er sprach davon, dass er sie sehr geliebt hatte, und davon, dass er sie begleiten würde auf ihrem spirituellen Weg.

So konnte sie sich verabschieden, wohl wissend, dass sie im Kontakt bleiben würden.

Natürlich wurde sie immer wieder von Wellen des Schmerzes heimgesucht. Aber die Brücke blieb und so wurde ihr großer Schmerz ihr vielleicht größter seelischer Entwicklungsschritt.

Unfalltod

Hellsichtige, die durch die Ebenen schauen können, berichten immer wieder, dass Menschen, die einen plötzlichen, unerwarteten Tod sterben, oft nicht von der Erde gelöst sind. Manchmal sind sie noch an den Ort ihres Unfalls gebunden, manchmal wissen sie nicht einmal, dass sie tot sind. Ich selbst habe in einer Sitzung schon mal einen Mann regelrecht angeschrien: „Hermann, du bist tot! Begreif es endlich!"

Er hatte sein Bewusstsein noch nicht dafür geöffnet und irrte blind durch die Ebenen. Die Klientin, um deren Onkel es sich handelte, und ich mussten lachen, weil die Situation ziemlich abstrus war.

Zu den sehr plötzlich Verstorbenen gehören viele, die durch einen Verkehrsunfall ums Leben kommen.

An den Unfallort gebunden

Eine Frau erzählte mir, dass ein Verwandter ihres Mannes immer wieder in ihren Gedanken auftauchte.

Vor zwei Jahren war er mit dem Auto tödlich verunglückt und auf besonders schreckliche Weise zu Tode gekommen.

Während sie das Wenige erzählte, was sie darüber wusste, sah ich eine Straße. Über einer bestimmten Stelle hing waagerecht eine Art langgestreckte Wolke (wie eine liegende Figur), von der es eine deutliche Verbindung nach unten zur Straße gab. Ein Aspekt dieses Verstorbenen war offensichtlich noch mit dem Unfallort verbunden.

Ich nahm Kontakt mit ihm auf. Sein Wunsch war es, sich endlich von diesem Ort zu lösen. Er lieferte mir sozusagen das Werkzeug gleich mit, denn ich sah eine Schere. Mit dieser konnte ich in einem wortlosen Akt seine Anbindung an den Ort und das Geschehen des Unfalls durchschneiden und ihn in seine neue Freiheit entlassen.

Ich lehnte mich zurück und hatte den Eindruck, dass meine Arbeit getan war. Aber mein innerer Blick wurde immer wieder von der Straße nach rechts auf das angrenzende Feld gelenkt. Als ich dem Drängen folgte, wusste ich, dass sich hier die verzweifelten Rettungsversuche abgespielt hatten. Und hier befanden sich die bestürzten Sanitäter, Notärzte und Feuerwehrleute, die wahrscheinlich ein Bild des Grauens vorgefunden hatten. Sie konnten einen schwer Verunglückten nicht retten, sondern mussten ihn dem Tod überlassen.

Ich bekam den Auftrag, diesen Helfern und Rettern zu danken und ihre Traumatisierungen aufzulösen. Was ich natürlich gerne tat, soweit es in meiner Macht stand.

Seitdem tue ich dies immer, wenn ich an einem Autounfall vorbeifahre.

Bruder und Schwester

Meine Klientin litt immer wieder unter Infektionen, seit zwei Jahren an Asthma. Sie war extrem dünn, denn sie hatte viele Allergien und Unverträglichkeiten, so dass sie kaum etwas essen konnte. Sie stand auch schon kurz vor einer künstlichen Ernährung. Sie war sehr sensibel und übernahm allerhand Unaufgelöstes aus der Familie. Besonders auffällig war, dass über drei Generationen hintereinander Männer an Unfällen gestorben waren. Es schien beinahe ein Muster zu sein. Ihre Mutter war über all den Verlusten hart geworden und hatte wenig auflösen können.

Der bislang Letzte in dieser Reihe war der Bruder meiner Klientin.

Auf dem Weg nachts von der Disco knallte er mit seinem Motorroller auf einen zum Teil auf der Straße stehenden unbeleuchteten LKW.

Er wurde auf die andere Straßenseite geschleudert, wo er von einem entgegenkommenden Fahrzeug halb überrollt wurde. Mit dem Hubschrauber ins Krankenhaus gebracht, lag er noch drei Tage im Koma, wurde aber bald als hirntot diagnostiziert. Obwohl er seine Organe spenden wollte, geschah dies nicht mehr, wohl weil sie zerstört und nicht mehr brauchbar waren.

Er war 19 Jahre alt. Sie war beim Verlust ihres Bruders 17. Zwei Jahre später, mit 19, hatte sie einen Blinddarmdurchbruch, den sie nur knapp überlebte. War dies möglicherweise ein Versuch, ihrem Bruder zu folgen? Nachdem sie dies erzählt hatte, schwiegen wir eine Weile und die Stimmung im Raum war schwer.

Ich erbat Informationen von den höheren Ebenen darüber, was zu tun sei. Es schien nötig, mit und vielleicht für den Bruder zu arbeiten.

Ich atmete tief durch und die Klientin bekam erst eine Energiebehandlung zu ihrer eigenen Stärkung. Aus der dann folgenden Nachbehandlung konnte und durfte sie sich heraushalten und bei sich bleiben, soweit das möglich war.

Meine Vermutung ging dahin, dass dem jungen Mann sein Tod nicht wirklich bewusst war. Möglicherweise lebte er auf Kosten seiner Schwester weiter.

Ich positionierte ihn im Raum und setze die Statue eines Medizinbuddhas zwischen ihn und seine Schwester. Seine Energie half uns, alte Muster aufzulösen. In der Arbeit ging es dann darum, eine lebenzerstörende Anhaftung von ihm zu ihr und eventuell auch von ihr zu ihm aufzulösen und zu beenden.

Ich wandte mich dem jungen Mann zu und fragte, ob ihm bewusst sei, dass er tot ist. Er verneinte und ich sagte ihm sehr eindringlich, dass er bei dem Unfall gestorben ist und er hier nicht mehr auf dieser Erde ist. Ich spürte seine Verwirrung. Diese war aber nicht übermäßig stark. In irgendeiner Weise spürte er diesen Zustand wohl. Ich sprach mit ihm darüber, dass er wohl nicht sterben wollte und es für ihn furchtbar war, so früh, so plötzlich, so gewaltsam aus seinem Leben, seinen Plänen, seinen Wünschen gerissen worden zu sein. Er vermittelte mir dies alles klar und vehement. Ich konnte mir das natürlich sehr gut vorstellen. Mein Mitgefühl war groß, mein Mitgefühl für sein Durcheinander, sein Festhaltenwollen, seinen Lebenswunsch.

Ich verneigte mich vor ihm und seinem kurzen Leben und dankte ihm für seine Bereitschaft, seine Organe zu spenden. Es tat mir leid, dass es ihm nicht gelungen sei, auf diese Weise in anderen Menschen weiter zu leben.

Ich sagte ihm klar und deutlich, dass er die Erde loslassen möge, dass eine Weiterentwicklung auf ihn warte und dass die Liebe seiner Schwester klarer werden würde, wenn er sie losließe.

Danach sah ich ihn – ruhiger geworden – auf einer dunklen Wolke sitzen. Ich erlebte es als eine Art Trauerwolke. Auf Nachfragen war es nicht die Trauer der Hinterbliebenen, sondern seine eigene. Noch einmal schickte ich ihm mein Mitgefühl für diese große Trauer und bat ihn, diese Trauer gehen zu lassen. Emotionen und Gefühle gehören zur Erde und werden in einer höher-energetischen Ebene nicht mehr gebraucht und sind dort auch nicht mehr vorhanden.

Dann tauchte in mir das Thema Gewalt auf. Bilder von dem gewaltsamen Aufprall und dem Überrolltwerden zeigten sich.

Ich bat um die Transformation der zerstörerischen und vernichtenden Energien, die hier am Werke waren.

Danach war es wichtig, noch in seiner Gegenwart anzuerkennen, dass Gewalt, Gewalterfahrung und bewusster und unbewusster Einsatz von Gewalt zu unserem Erdenleben gehören. Diese Anerkennung war für ihn und uns wichtig. Nur so konnte auch seine Schwester das Furchtbare besser in ihr Leben integrieren.

Anschließend fragte ich ihn, ob er bereit sei, mit seinen Begleitern, die ich rechts und links von ihm wahrnahm, ins Licht zu gehen. Er bejahte das.

Dann blickte er kurz freundlich und liebevoll zu seiner Schwester und sagte schnell und leise: „Du sollst leben.“

Der Satz blieb irgendwie leicht in der Luft hängen.

Anschließend fragte ich die Schwester und sie sich selbst, ob sie ihn wohl gehen lassen kann. Ob sie ihrer Liebe zu ihm einen Platz in ihrem Herzen geben kann, ohne die Bilder der Gewalt ständig mitansehen zu müssen.

Die andere Herausforderung für sie würde sein, sich zu fragen, ob sie sich diesen Satz „Du sollst leben" zu eigen machen will und kann.

Eingeklemmt

Eine meiner Klientinnen – ich erwähne sie öfter – ist eine sehr sensible Frau. Ihre Wahrnehmung erweitert sich so, dass sie an bestimmten Orten beklemmende Gefühle spürt.

Einmal erzählte sie von ihren Spaziergängen, auf denen sie an einer bestimmten Scheune nie ohne Widerwillen vorbeigehen konnte. Ich ging dem nach und bekam die Information, dass sich in der Scheune vor längerer Zeit ein Mann aus dem Dorf erhängt hatte.

Auf einer bestimmten Straße nahe ihres Dorfes wiederholten sich ebenfalls unangenehme Gefühle und sie berichtete mir davon. Der Gedanke an einen Autounfall lag also nahe. Ich selbst hatte dort in der Gegend gewohnt und erinnerte mich sogar, dass in meiner Zeit dort zwei Unfälle unterschiedlicher Art stattfanden, die die Menschen bewegten.

Ich wandte mich dem ersten Unfall zu. Es war ein junger Mann, der erst kurz zuvor den Führerschein gemacht hatte. Ich bekam keine klare Information, was er wollte oder brauchte und was ich für ihn tun könnte. So stellte ich mich insgesamt als Instrument zur Verfügung. Es dauerte nicht lange und mein Atem stockte, mein Hirn vernebelte sich, das Zwerchfell war zusammengequetscht. Ich fühlte mich grauenhaft und spürte, dass dieser Mann im Auto eingeklemmt war. Hilflosigkeit, Verzweiflung, Todesangst, alles war da. Offensichtlich dauerte es, bis Hilfe kam. Jedenfalls schien die

Zeit, die ich durchlebte, endlos und sie war gefüllt mit Schmerz, Leid und Elend.

Ich spürte, wie wichtig es ihm war, dass jemand eine Ahnung davon bekam, was er durchlitten hatte. In irgendeiner Weise hob es die tiefe Einsamkeit und Verlassenheit auf, in der er sich befunden hatte.

Mein Mitgefühl strömte zu ihm hin und hüllte ihn wortlos ein.

Nachdem mein Körpergefühl sich wieder normalisiert hatte und ich Distanz nehmen konnte, verneigte ich mich vor seinem kurzen, jäh beendeten Leben. Seine Traurigkeit darüber teilte sich mir mit.

Dann konnte er gehen. Jemand hatte sein Leiden und seine Traurigkeit mit ihm geteilt.

Nach dieser Tortur war ich mir unsicher, ob ich mich gleich noch dem zweiten Unfall zuwenden wollte. Meine Information war aber, es zu tun. So ließ ich mich erneut darauf ein.

Was ich überraschenderweise bei der Arbeit mit diesem zweiten Unfall erlebte, beschreibe ich in dem Kapitel „Begleitung und Unterstützung".

Der Held

Ein junger Mann aus meinem eigenen Umfeld kam zu mir, weil er sich schwer und depressiv fühlte, weil er mit Beziehungen nicht weiterkam und mit einer guten Ausbildung noch keinen Arbeitsplatz gefunden hatte.

Ich kannte seine Geschichte ein wenig und wusste, dass der Bruder seines Vaters, sein Onkel, bei einem Badeunfall ums Leben gekommen war.

Ich erhielt die Information, dass dieser Onkel bei dem Neffen im Energiesystem „hing".

Mir war bekannt, dass der Onkel mit anderen Aussteigern in Spanien in einem verlassenen Dorf eine Gemeinschaft aufbaute. Beim Baden im Meer geriet eine Frau der Gruppe in Schwierigkeiten. Sie konnte nicht mehr aus eigener Kraft an den Strand schwimmen. So sprang dieser Mann hinein, rettete sie und kam dabei selbst ums Leben.

Natürlich wurde getrauert. Aber um die Trauer besser ertragen zu können, wurde immer wieder herausgestellt, dass er ein Retter war, ein Helfer, der sein Leben riskierte und es dabei verlor.

In meinem Kontakt mit ihm war dieses alles sehr präsent. Doch dann brach es aus ihm heraus. Die ganze Wut über seinen frühen Tod und die Wut darüber, dass nur der Retter in ihm gesehen wurde und nicht er selbst. Ich hörte ihm zu, spürte seine Wut über sein abgeschnittenes Leben und verstand ihn gut.

Alles, was er brauchte, war, dass er mit diesen Emotionen von einem lebenden Menschen gehört und ernstgenommen wurde. Das war genug.

Der Onkel erhielt die Anerkennung und die Würdigung seiner Gefühle von uns, die er direkt nach seinem Tod nicht bekommen hatte.

Auch er hatte – wie andere Verstorbene – den Weg über einen geschwächten Familienangehörigen gewählt, um selbst gehört zu werden.

Nach einer energetischen Trennung zwischen ihm und seinem Neffen konnten beide freier ihrer Wege gehen.

So ist jedes Unfallgeschehen ganz individuell und wir Lebenden wissen nicht, welchen Stellenwert der Unfall im Leben der Verstorbenen spielt. Gab es einen Anteil in ihm, der die Erde verlassen wollte? War es eine Seele, die sich diesen gewaltsamen Tod als Erfahrung ausgesucht hatte? Gibt es also vielleicht eine Folgerichtigkeit in dem, was wir in erster Linie als Unglück, als Tragik, als „unnötig" oder „viel zu früh" erleben?

Vielleicht sollten wir uns mehr mit unserem eigenen Leid nach einem Verlust befassen und mit den Konzepten, die wir über ein erfülltes Leben haben, statt mit dem Schicksal des durch einen Unfall Gestorbenen zu hadern.

Exkurs: Sterben

Der Tod eines Menschen beendet die Beziehung zu den Zurückbleibenden, den Hinterbliebenen nicht. Todesanzeigen in Zeitungen und Gestaltungen der Gräber geben Auskunft über die vielen Formen der Verbindung, der Erinnerung, der Herzensliebe, die gefühlt und gewünscht wird.

Da stellt sich mir oft die Frage: Lassen wir die Toten wirklich gehen? Geben wir sie frei für weitere Schritte der Transformation? Haben wir gelernt, wie eine Trennung gut und heilsam für beide Seiten ist? Haben wir begriffen, dass Trauer und Schmerz beim Tod eines nahestehenden Menschen gar nicht in erster Linie ein Zeichen der Liebe zu dem Verstorbenen ist, sondern es der Schmerz unseres eigenen Verlustes und Verlassenseins ist, der uns ergreift?

Und wie sieht es bei uns aus mit „der Kunst des Sterbens"? Haben wir gelernt, uns darauf vorzubereiten? Viele Bereiche müssen beachtet werden. Das Ordnen der äußeren Dinge und Hinterlassenschaften gehört dazu, genauso wie das Ordnen des Inneren. Klärungen, Versöhnungen mit Menschen und dem eigenen Leben, so wie es war und wie man es gestaltet hat, stehen an. Und dazu gehört, sich im Bewusstsein der eigenen Endlichkeit zu üben, im Abschiednehmen von den Menschen und der Erde und sich vielleicht in Meditationen zu öffnen für die Transformation der irdischen Seinsweise, wie immer diese auch aussehen mag.

Wenn das Bewusstsein eines Menschen sehr stark erdgebunden ist und wenig Transparenz auf spirituelle Ebenen hin hat, dann können starke Morphiumgaben am Ende des Lebens diese Undurchlässigkeit noch verstärken. Im Prinzip ist es hilfreich, unerträgliche Schmerzen zu lindern, um den Übergang zu erleichtern. Menschen mit einem spirituellen Bewusstsein schadet dies wohl auch nicht. Aber es ist wichtig, daran zu denken, dass Medikamente den Übergang nicht nur positiv beeinflussen, sondern auch regelrecht „vernebeln" können.

Hier möchte ich von zwei unterschiedlichen Wegen des Sterbens berichten. Das eine war eine alte Dame, die betagt und dement war, aber einfach nicht sterben konnte. Zwei ihrer Enkelinnen begleiteten sie und baten mich um Unterstützung für diesen Sterbeprozess. Ich durfte Informationen von höherer Ebene einholen, um zu erfahren, was sie noch am Leben hielt. Es war ihre Rolle, die sie ihr halbes Leben lang erfüllt hatte, nämlich die sorgende Oma für die Enkel zu sein, während die Mutter ihren Geschäften in der Firma nachging. Die eine Enkelin war auch nicht ganz gesund geboren, so dass sie zeitweise der besonderen Sorge bedurfte.

Obwohl die Enkelinnen lange erwachsen waren und ihr eigenes Leben lebten, war die Identifikation der Oma mit dieser Rolle so stark, dass wir ihr helfen mussten, sie loszulassen. Gemeinsam gingen wir auf die energetische Ebene. Die Enkelinnen bedankten sich noch einmal bei ihr und sagten ihr klar und deutlich, dass ihre sorgende Rolle jetzt beendet sei und sie gehen dürfe. Es sei Zeit. Ihr Körper und ihr Geist seien schon auf dem Weg. Wir durchtrennten die starke Verbindung zwischen ihr und den Enkelinnen, so dass sie sterben konnte, bevor die nächste Krankenhauseinweisung stattfand.

Der andere Sterbeprozess war das ganze Gegenteil.
Eine Freundin von mir, sehr naturverbunden, sehr menschenlieb und lebensvoll, erkrankte an Krebs. Für uns alle kam das

sehr überraschend, da sie an Leib und Seele gesund erschien. Aber es geht hier nicht um die Gründe, warum diese Krankheit sie befiel. Sie ging sehr bewusst und selbstbestimmt mit den Therapieschritten um, die ihr empfohlen wurden. Manches ließ sie nicht machen, sondern setzte sich bewusst mit Abschied und Sterben auseinander. Eingebunden in die Prozesse der Natur, war ihr die Zusammengehörigkeit von Stirb und Werde, Kommen und Gehen, Gestalten und Loslassen sehr vertraut.

Ein halbes Jahr nach der Diagnose war klar, dass sie sterben würde. Ich durfte sie noch besuchen und erlebte sie in großer Dankbarkeit für die Fülle ihres Lebens und die Beziehungen, die sich mit einigen Menschen in der letzten Lebensphase noch einmal vertieft hatten. Sie sprach davon, dass sie sich in tiefer Liebe zu allem fühle. Es war wunderschön bei ihr, die wenigen Worte und das Schweigen dazwischen. Ich fragte sie, ob sie meine, dass sie die Art und den Zeitpunkt ihres Todes mitbestimmen könne. Darauf sagte sie den Satz: „Ich gehe mit der Welle." Ich verstand dies so, dass es nicht um ein Machen oder Wollen geht, sondern um die Hingabe, das Geschehenlassen und das Einverstanden-Sein mit dem Fluss des Lebens und Sterbens. Der Satz ist für mich wie ein Abschiedsgeschenk. Eine Woche später starb sie zu Hause, entgegen den Voraussagen der Ärzte.

Am Abend ihres Todes setzte ich mich hin, zündete eine Kerze an und ließ die Nachricht von ihrem Tod bei mir ankommen. Ich weinte ein bisschen. Nicht viel, denn es gab eigentlich nichts zu weinen. Ich wusste, alles war gut. Als ich zur Ruhe gekommen war, „sah" ich sie. Eine weiße Gestalt, ihr feinstofflicher Körper, stand vor einer Art Liege. Die Gestalt war hell und leicht und beinahe durchsichtig. Sie hielt eine Hand über dem Kopfende, die andere über dem Fußende der

Liege. So stand sie reglos. Mir schien es, als segnete sie ihren abgelegten Körper. Dann nahm sie Abschied von ihm, ihre Form löste sich auf und entschwand als helles Band durchs Fenster nach draußen.

Da die Beschäftigung mit dem Sterben meist eine individuelle Sache ist, scheint es mir gut, dass in Hospizgruppen, in Gesprächen über Organspende und in Trauergruppen das Thema Sterben den Menschen nähergebracht wird und viele Menschen sich dem Thema öffnen.
Und wie steht es mit unseren Abschiedsritualen? Im alten Griechenland gab es Klageweiber. Bei uns werden die Tränen am Grab möglichst heruntergeschluckt. Immer noch. Dabei macht die Erdbestattung die Trennung vom Verstorbenen noch recht deutlich. Vor der offenen Grube zu stehen und zu hören, wie die Erde auf den Sarg poltert, und die Formulierung „Erde zu Erde und Staub zu Staub" macht ziemlich brutal fühlbar, dass etwas Altes definitiv vorbei ist. Bei einer Kremation ist das schon nicht mehr so fühlbar. Da gibt es eine Trauerfeier in einer Kapelle oder in einem schönen Raum. Danach geht man zum Kaffeetrinken, während der Sarg zurück in die Kühlkammer kommt, um zu seiner Zeit in den Verbrennungsofen geschoben zu werden, wenn der frei ist.

Aus diesem Mangel heraus gibt es heute Bestattungsunternehmen und Trauerredner, die einen Rahmen für Abschiede schaffen und manchmal sogar Loslass-Rituale anbieten. Das ist gut so.

Denn ich erlebe bei meinen Kontakten mit Verstorbenen immer wieder, dass Tote sich von Lebenden festgehalten fühlen. Oder dass Verstorbene ihrerseits noch am Irdischen festhalten oder sich durch Emotionen oder Versprechen an Menschen gebunden fühlen. Es gibt sogar Tote, die nicht wirklich wissen, dass sie gestorben sind und die auf irgendeine Weise auf Kosten von Lebenden weiterleben.

Das Festhalten von beiden Seiten bewirkt, dass die Seele sich nicht befreien und sich nicht aufschwingen kann in die Räume, die sich ihr eröffnen.

Welche Hintergründe dieses Festhalten haben kann, davon berichte ich im folgenden Kapitel.

Festhalten und Gebundensein

Festhalten aus Mangel

Die Gründe, weshalb Hinterbliebene und Verstorbene am Erdenleben festhalten wollen, sind vielfältig.

1. Das Festhalten aus dem Gefühl eines erlittenen Mangels.

2. Das Festhalten aus ungeklärten Gefühlen und emotionalen Verstrickungen.

Es kommt vor, dass mich schon kurz nach dem Sterben oder auch erst nach sehr vielen Jahren Verstorbene bitten, eine energetische Trennung von einem lebenden Menschen durchzuführen, der sie nicht loslässt.

Die vor 40 Jahren verstorbene Mutter eines Bekannten versuchte immer wieder, mich zu kontaktieren. Da dies nicht in meiner Praxis geschah, sondern beim Frühstück oder bei der Arbeit am Computer, dauerte es eine Weile, bis ich begriff, dass sich jemand bei mir meldete.

Bei dem Kontakt mit ihr machte sie mir deutlich, dass ihr Sohn – bereits über 70 Jahre alt – sie immer noch unbewusst festhielt. Sie habe ihn lange begleitet und wolle sich nun endlich lösen, um weiterzugehen. Nach einigem Zögern entsprach ich ihrem Wunsch und löste sie beide voneinander. Zum Schluss gab sie mir noch eine kurze Botschaft für ihn mit. Dann entfernte sie sich.

Dieser Mann war ein Kriegs- und Flüchtlingskind und die Jahre nach der Flucht waren schwierig und teilweise von Mangel geprägt. Es gab nicht nur den Hunger, den materiellen Mangel an Wohnraum und Geld, sondern auch den Mangel an Wärme, an entspannter Zuwendung und an emotionaler Stabilität. Der Vater war lange Zeit in einem Lazarett. Die Mutter war zwar bei ihren drei Kindern, aber damit beschäftigt, sich und ihre Sprösslinge „durchzubringen", wie man so sagt. Das heißt, es ging vielfach ums Überleben. Diese Kriegs- und Nachkriegsmütter waren angespannt, vielfach überfordert, meist voller Zukunftsangst. So ist es ganz verständlich, dass die Menschen, die in dieser Zeit Kinder waren, oft bis an ihr Lebensende Gefühle des Mangels haben: Mangel an Sicherheit, Mangel an Vertrauen, Mangel an innerer Ruhe, Mangel an emotionaler Stabilität. Und es ist verständlich, dass sie auf einer unbewussten Ebene an die Personen angehaftet bleiben, von denen sie mehr gebraucht hätten.

Hier möchte ich auch meine eigene Geschichte einbringen. Ich bin ebenfalls im Krieg geboren und mit Mutter und Geschwistern auf der Flucht gewesen. Der Beginn der Flucht war auch der Abschied von meinem Vater. Er musste bleiben und starb zwei Jahre später in einem russischen Lager. Lange wussten wir dies natürlich nicht. Später wurde er für tot erklärt, als meine Mutter wieder heiraten und für uns alle eine Zukunft aufbauen wollte. So bekamen wir einen Stiefvater. Aber in meiner Seele blieb die tiefe Sehnsucht nach meinem Vater. Unbewusst und später bewusst spürte ich den Mangel an Väterlichkeit, an Unterstützung, an einem männlichen Gegenüber, an Vertrauen in meine Fähigkeiten. Meine Sehnsucht heftete sich an ihn bis weit ins Erwachsenenalter. In den 80er Jahren mit über 40 – ich hatte schon Familie – ging ich zu einer Astrologin. Sie befragte mich auch zu meinem Vater. Und sie sagte zu meinem Erstaunen, dass mein Vater, der mit 42 Jahren in eben diesem Lager gestorben war, mit seinem Leben fertig gewesen sei. Er hatte seine Aufgabe erfüllt. Er habe mir aber viel von seinen Fähigkeiten vererbt und überdies mich lange aus der „Anderswelt" begleitet. Danach konnte ich langsam beginnen, meine Sehnsucht in Dankbarkeit umzuwandeln und mit Liebe statt mit Sehnsucht an ihn zu denken. Ich hatte ihn über meinen Mangel und meine Sehnsucht an die Erde gebunden und mich an ihn. Danach durfte ich erleben, wie es ist, einen geliebten Verstorbenen freizugeben und selbst frei zu werden für das eigene Leben.

Hier ging es um den Mangel der Lebenden. Aber auch die Gestorbenen können in einem Mangel gefangen sein, z. B. in dem vermeintlichen Mangel an Lebenszeit.

Ich berichtete im Zwillingskapitel über einen im Mutterleib verstorbenen Zwilling, der sehr wütend war, weil der andere Zwilling überlebte, und er gönnte ihm das Leben nicht, sondern machte es ihm zur Last.

Im Kapitel über Unfälle berichtete ich von einem jungen Mann, der ertrank, als er eine Frau retten wollte. Auch er war wütend darüber, dass sein Leben so kurz war.

Hier stellt sich mir immer wieder die Frage (es klang früher schon an): Sind sie „zu früh" gestorben, so wie die Hinterbliebenen es oft erleben? In meinen Kontakten mit ihnen bringen sie es ja selbst auch vehement und emotional zum Ausdruck. Subjektiv fühlen sie einen Mangel an Lebenszeit auf der Erde.

Möglicherweise ist es aber folgendermaßen: Wenn sie sich in dieser Wut befinden, sind sie emotional verwickelt und haben keinen Zugang zur höheren Weisheit, zu ihrem Seelenplan. Der könnte ihnen vielleicht verdeutlichen, dass alles seine Richtigkeit hat, sowohl mit dem Todeszeitpunkt als auch mit den Umständen ihres Todes. Ich vermute, dass der Ausdruck ihrer Wut und ihres Mangels einem Menschen gegenüber, wie es in meiner Praxis geschieht, ihnen ermöglicht, ihre Emotionen zu klären, ihre Wut loszulassen und ihr Leben und Sterben aus einer höheren Perspektive zu sehen.

Festhalten aus ungeklärten Gefühlen und Verstrickungen

Die Frau des „Rollstuhlmannes"

Ein Klient starb mit Mitte 70. Er hatte eine Nerven-Muskelerkrankung, die ihn zunehmend in der Bewegung einschränkte, bis er im Rollstuhl saß. Ich behandelte ihn im letzten Jahr bei sich zu Hause und ab und zu auch seine Frau, die unter seiner Erkrankung genauso litt wie er. Er gehörte zu den Menschen, die in irgendeiner Weise mitgestalten, wann und wie sie gehen. Denn er war noch recht munter, als ich ihn das letzte Mal behandelte. Ich musste gar nicht so viel tun, denn er war energetisch gut im Fluss. Drei Tage später hatte er einen Zusammenbruch, kam ins Krankenhaus, nahm sich noch die Zeit, sich von den Nahestehenden zu verabschieden, und starb, bevor er ein richtiger Pflegefall wurde.

Ein halbes Jahr später meldete er sich. Ich war gerade auf Reisen und versprach ihm, mich um ihn zu kümmern, wenn ich wieder zu Hause wäre.

Als ich ihn kontaktierte, nicht in meiner Praxis, sondern in der Wohnung, sah ich ihn ziemlich konkret vor und etwas über mir im Rollstuhl. Er war jung, weiß gekleidet und hatte helle Haare. Als ich ihn kennenlernte, hatte er eine blanke Glatze. Ich war verwundert, dass er sich aus dem „Jenseits" im Rollstuhl präsentierte. Was sollte ein kranker Körper dort? Ich fragte ihn, ob er vielleicht mit der Krankheit nicht fertig sei, die ihn als drahtigen Sportler und Tennisspieler so entwürdigt hatte. Er verneinte das. Nun kam seine Frau ins Spiel, die auf ihre Weise an ihm und seiner Krankheit gelitten hatte. Sie hatte ihr Leben lang für ihn und die Familie gesorgt und konnte seinen gesundheitlichen Verfall nur sehr schwer ertragen. Nach seinem plötzlichen und schnellen Tod blieb sie allein zurück.

Nun war es klar, dass sie den „Rollstuhlmann", der damals versorgt werden musste, festhielt und dass sie den weiß gekleideten jungen Mann gar nicht sehen und spüren konnte.

Er bat mich um eine energetische Trennung zu seiner Frau. Er kannte das, weil wir es in seinen Behandlungen wiederholt getan hatten. Ich nahm Kontakt zu ihrem Unbewussten auf und bat sie dringend, ihn freizulassen. Es war mühsam, weil sie wie früher das Festhalten als Ausdruck ihrer Liebe zu ihm wahrgenommen hatte. Ich erklärte ihr, dass wirkliche Liebe den anderen freigibt, aber dass ich auch wisse, wie schwer es für sie sei.

Immer wieder habe ich ziemlich massiv die Worte wiederholt: „Gib ihn frei, gib ihn frei, lass ihn gehen!"

Aber sie konnte und wollte nicht. Vielleicht verweigerte sie auch unbewusst meine Hilfe. Sie hatte mich vor seinem Tod zwar als Unterstützung für ihren Mann erlebt, gleichzeitig aber auch als Konkurrenz zu sich selbst.

Deshalb bat ich die geistigen Wesenheiten, die Trennungen bewerkstelligen können, diese Arbeit ohne mich zu tun und sogleich fühlte ich den Unterschied. Ich sah eine sehr klare Trennungslinie zwischen beiden und zwei gesonderte Bereiche mit jeweils einer anderen Farbe.

Als alles Notwendige getan war, zeigte er sich erneut im Rollstuhl. Aber dieser war wie ein Fahrzeug, das er benutzte, an das er aber nicht gebunden war. Er hätte jederzeit aufstehen und gehen können. Und er schaute mich an, jung, intensiv und spitzbübisch. Er war bei mir gelandet und freute sich beinahe diebisch, dass er das bekommen hatte, was er wollte. Zu Lebzeiten, als Bankchef, war er es auch gewohnt gewesen, Anordnungen zu geben, die befolgt wurden.

Der Kontakt zwischen uns blieb noch länger bestehen. Noch Tage später fühlte ich diesen spitzbübischen und gleichzeitig tiefen Blick zu mir hin.

Eine Freude!

In den oben genannten Beispielen vermischen sich Mangel und ungeklärte Gefühle. Am kompliziertesten wird es, wenn emotionale Verstrickungen dazukommen. Dies ist zum Beispiel bei Selbsttötungen meistens der Fall. Vor und bei der Selbsttötung sind die Menschen oft völlig klar. Ausweglosigkeit und Verzweiflung führen sie zu diesem Schritt und sie handeln. Bei wachsender Klarheit über ihren Schritt stellen sich bei den Verstorbenen jedoch vielfältige Gefühle ein, Gefühle wie Scham darüber, dass sie ihr Dilemma nicht anders haben lösen können. Darüber hinaus Schuldgefühle, anderen dieses angetan zu haben, und Schmerz über all dies.

Die Hinterbliebenen ihrerseits fragen sich meist sofort, was sie versäumt haben, was sie hätten tun können oder müssen. Die absurdesten Konstruktionen werden gefunden, um sich selbst die Schuld daran zuzuschreiben, selbst wenn es offensichtlich keinerlei Gründe hierfür gibt. Oder es werden anderen Versäumnisse vorgeworfen. Zum Teil ist eine Mitschuld ja auch nicht ganz auszuschließen. So ergibt sich ein Gefühlschaos von Entsetzen, Abwehr, Schuldgefühlen, Wut und Schmerz. Die Personen sind in sich selbst verstrickt und zusätzlich mit dem oder der Verstorbenen.

Moralische Verurteilung

Eine Klientin kümmerte sich um ihre 90-jährige Mutter. Sie fühlte aber sehr deutlich, dass sie sich in dieser Fürsorge überverantwortlich verhielt, so wie sie es auch anderen Menschen gegenüber tat. Sie hatte in ihrem Leben verschiedene plötzliche Verluste erlitten und tat nun alles, um einen weiteren plötzlichen Verlust zu vermeiden.

Wir arbeiteten an der Auflösung dieser Überverantwortlichkeit, als ihr verstorbener Vater auftauchte.

Er hatte sich in fortgeschrittenem Alter, schwer an Krebs erkrankt, das Leben genommen, also sein Leben bewusst beendet.

Ich öffnete mich zu ihm hin und spürte seine enorme Verzweiflung über seinen Freitod. Ich fragte ihn, ob er etwas von uns braucht. Ja, er brauchte unser Mitgefühl in dieser schrecklichen Situation und Entscheidung. Er brauchte es, dass wir seine Not sehen. Er brauchte es, dass wir seine Schuldgefühle wahrnehmen.

In Stille und Mitgefühl taten wir dies.

Er wünschte sich nichts sehnlicher, als dass seine Frau, die 90-jährige Mutter der Klientin, ihm vergeben könnte. Aber genau das war ihr schwer. Noch immer, nach vielen Jahren, war sie verstrickt in den Schmerz und das moralische Verbot, sich selbst zu töten. So sprach sie ihn in einem moralischen Sinne schuldig und konnte ihn dadurch nicht gehen lassen.

Seine Tochter (meine Klientin) hatte sich schon lange mit seinem Tod auseinandergesetzt und versöhnt und sie sagte ihm noch einmal, dass sie ihn versteht und dass sie ihm verziehen hat. Er wusste es, hörte es und es beruhigte ihn. Die Tochter versprach ihm, das Thema mit seiner Frau wieder aufzunehmen und sie zu bitten, ihm doch zu vergeben. Es würde auch sie befreien.

Bevor wir ihn verabschiedeten, sagte die Tochter: „Vergiss nicht, dass du mir versprochen hast, mich bei Muttis Sterben zu unterstützen."

Schlagartig verändert sich das Bild. Ich sah ihn kraftvoll dastehen, völlig abgetrennt vom irdischen Drama mit Krankheit und Freitod. Er stand da und sagte der Tochter ganz klar: „Ja, das möchte ich und das tue ich."

Sohn aus einer Vernunftehe

Nun noch ein Fall, der nicht von zwei verstrickten Menschen berichtet, sondern davon, wie die Ehe der Eltern die Ehe eines Kindes beeinflusst.

Eine Klientin, eine junge Frau, berichtete immer mal wieder über ihre mühevolle Ehebeziehung. Sie brauchte, aus ihrer Familiengeschichte verständlich, viel Freiraum. Ihr Mann war aber besitzergreifend. Einmal sagte er: „Was ich liebe, muss ich ganz festhalten."

Die Geschichte dahinter war die Geschichte seiner Eltern und besonders die seiner Mutter.

Es war so: Seine Mutter heiratete nicht den Mann, den sie liebte, sondern einen, der einen größeren Hof hatte. Nach dem Krieg wurde – wie zu anderen Zeiten – auch pragmatisch geheiratet. Bauernhöfe sollten sich zusammentun, damit sie überlebensfähig wären und das Dorf mit erhalten konnten. Die Eheleute bekamen mehrere Kinder, erhielten den Hof, so dass er vererbt werden konnte und blieben zusammen. Im Alter kam wohl auch mehr Liebe auf. Aber die Schwiegertochter formulierte es so: „Sie ist an verkalktem, versteinertem Herzen gestorben."

Nach einer Aufstellungsarbeit der beiden Familiensysteme kontaktierte mich die Mutter.

Sie äußerte sich klar und deutlich und sagte: „Ich habe meine beiden Kinder nicht so geliebt, wie es nötig gewesen wäre, weil sie nicht von dem geliebten Mann stammten, sondern aus der Vernunftehe."

Etwas konsterniert sagte ich: „Aber es waren doch auch *deine* Kinder."

„Ja, das stimmt. Aber ich hatte mein Herz der Liebe verschlossen. Ich konnte nicht lieben." Und: „Ich weiß, dass das der Grund ist, warum mein Sohn sich immer nicht richtig geliebt fühlt. Ich konnte nicht anders." Nach einer Pause sagte sie noch: „Es tut mir leid."

Die Schwiegertochter und ich gaben ihr unser Mitgefühl. Wir verneigten uns vor ihrem Leben, so wie es war und so, wie sie es mitgestaltet hatte. Es erleichterte sie, und sie verschwand.

Die Klarheit der Mutter und ihre Aussage, dass es ihr leidtut, veränderten und klärten das Energiefeld der jungen Familie. Ich konnte nun eine energetische Trennung machen zwischen der Mutter, die versucht hatte, den geliebten Mann festzuhalten, und ihrem Sohn, der meinte, er müsse seine geliebte Frau ganz festhalten, um sie nicht zu verlieren. So konnte mehr Freiraum zwischen ihm und seiner Frau entstehen.

Mutter und Sohn

Einer Bekannten von mir taten alle Knochen weh und sie hustete. Bald wurde deutlich, dass sie selbst nicht krank war, sondern es ein Signal war, sich jemandem zuzuwenden.

Vor einem Jahr starb die Mutter ihres Freundes und es wurde deutlich, dass sich beide noch nicht in gutem Sinne getrennt hatten.

Wir kontaktierten die Mutter und sie bestätigte, dass sie ihren Sohn ständig im Auge habe. Ich nahm sie auch mit ihrem Blick zu uns gewandt wahr und wusste, dass sie noch stark mit ihrem Sohn und diesem Erdenleben verbunden war. Sie hatte in diesem Jahr nach ihrem Tod weder ihre Sucht (Alkohol und Nikotin) noch ihre emotionale Bindung an ihren Sohn aufgelöst.

Ich sagte ihr, dass ihre anwesenden Begleiterinnen und Begleiter darauf warten, ihr die Entwicklungsmöglichkeiten für ihre Seele zu zeigen. Dafür wäre es aber nötig, die Verstrickung mit ihrem Sohn aufzulösen. Sie wehrte sich sehr. Er hatte bei ihr gewohnt (mit 44 Jahren) und war bis zuletzt ihr Lebensinhalt gewesen. Auch er hatte nicht wirklich von ihr Abschied genommen. Ich sagte ihr ziemlich streng, dass sie ihre eigene Entwicklung und die ihres Sohnes behindere. Er könne nur erwachsen werden und die Verantwortung für sich selbst übernehmen, wenn sie ihn losließe. Ich verband sie verstärkt mit ihren Begleiterinnen und stärkte ihr Vertrauen, dass es für sie glücklicher weitergehen könne.

Die Freundin und ich versprachen ihr, dass wir gleich für ihren Sohn arbeiten würden. Das war jedoch sehr mühsam, da er sich auch weder von seiner Sucht (Rauchen) noch von seiner Mutter lösen wollte. Während der Arbeit sah ich ihn immer kleiner werden, kindhaft und dann in Embryohaltung. Seine Abhängigkeit war so groß wie die eines Säuglings von der Mutter. Und er zeigte seine große Angst, ohne seine Mutter nicht lebensfähig zu sein. Wir arbeiteten an der Auflösung und Transformation dieser Angst, forderten ihn dann auf, aufzustehen und die Verantwortung für sich selbst zu übernehmen. Wir stärkten ihn dabei.

Die Mutter war inzwischen bereit, sich mit ihren Begleiterinnen langsam fortzubewegen. Immer wieder schaute sie zurück, noch ungläubig und zweifelnd.

Am Ende tauchte die Form der liegenden Acht, des Unendlichkeitszeichens auf. Die eine Schlaufe schlang sich um den Sohn, die andere um die Mutter. So war aus der Bindung und Verstrickung eine Verbindung zweier getrennter Wesen geworden, die jeweils selbstständig ihren eigenen Weg gehen können, wenn sie sich denn dazu entscheiden.

Adoptivvater und Adoptivtochter

Eine Klientin kam eines Tages mit dem Gefühl und der Frage zu mir, ob ihr Adoptivvater wohl von ihr gelöst sei. Er starb vor 15 Jahren. Sie selbst hatte das Gefühl, ganz gut mit ihm im Reinen zu sein. Aber irgendetwas irritierte sie.

Diese Frau kannte ihren leiblichen Vater nicht und wuchs neun Jahre bei ihrer psychisch kranken Mutter auf. Als diese starb, kam sie kurzzeitig in ein Heim und wurde später von Bekannten einer Tante, die sich um das Kind kümmerte, adoptiert. Ich befragte sie zunächst über die damalige Situation und sie erzählte, dass sie sich einen liebevollen Vater wünschte, den sie ja nie hatte. Der Stiefvater entsprach nicht ihren sehnlichsten Hoffnungen. Manchmal war er laut und poltrig und schlug auch mal zu. Außerdem erklärte er bei jedem Problem, was zu tun sei, und war unfähig, dem Mädchen oder den anderen Kindern wirklich zuzuhören. So verkroch sie sich wieder in sich, wie sie es schon bei ihrer Mutter getan hatte. Das Verhältnis mit dem Adoptivvater enttäuschte sie tief. Nachdem sie ausgezogen war, wurde der Kontakt besser, so dass sie mit den anderen Familienmitgliedern an sein Sterbebett gerufen wurde und sich von ihm verabschieden konnte.

Ich bat den verstorbenen Stiefvater zu erscheinen. Seine Anwesenheit war sehr diffus. Nach einer Weile gelang mir aber der Kontakt und ich fragte ihn, was los sei. Es dauerte, bis die Kommunikation klarer wurde und er ziemlich barsch die Worte schickte: „Etwas mehr Dankbarkeit hätte ich schon erwartet von dir."

Sie schwieg zunächst und ich ermunterte sie, ihm zu sagen, warum ihr das in der Zeit ihres Zusammenlebens nicht möglich war. Ich bat ihn, zuzuhören und sie zu verstehen. Es dauerte, bis diese Worte bei ihm ankamen. Ich wiederholte noch einmal, dass hier zwei völlig verschiedene Erwartungen im Raum standen. Er meinte, etwas Gutes zu tun, wofür er Dankbarkeit erwartete, und sie erhoffte sich einen liebevollen (vielleicht idealen) Vater. Das konnte nicht gutgehen. Ich bat beide, den Vater und die Adoptivtochter, dies einzusehen. Es fiel ihm schwer, aber es gelang. Er schien zu begreifen: „Ach so."

Wir schwiegen. Dann sagte sie zu ihm, dass sie mit zunehmendem Alter auch sehen konnte, was er für sie getan hatte, und dass sie ihm dankbar dafür sei.

Als sie ihm diese Dankbarkeit schickte, kam ein Strahl von ihm in ihre Richtung und beide trafen sich ganz vorsichtig etwa auf der Hälfte, eine zarte Begegnung.

Danach entfernte er sich.

Wir sprachen noch darüber, dass sie immer das Gefühl hatte, irgendwelchen Erwartungen nicht entsprechen zu können, bis heute. Diese Angst verunsicherte sie auch als Erwachsene. Sie begriff, dass ein Teil dieser Verunsicherung auch in diesem Geschehen lag.

Durch die Arbeit war er von einer Verstrickung befreit und hoffentlich auch sie.

Psychische Störung

Die Verstrickung kann auch in erster Linie in der Person selbst liegen und sich von da aus in eine Verstrickung mit anderen Menschen und der Welt erweitern.

Dazu ein Beispiel:

Die Schwester eines Bekannten starb. Er hörte es um zwei Ecken, denn er hatte seit nicht zu lösenden Erbschaftsstreitigkeiten keinen Kontakt mehr zu ihr gehabt. Er hörte auch von der einzig noch verbliebenen freundschaftlichen Kontaktperson, dass die Schwester krank und einsam gestorben war und tot in ihrer Wohnung aufgefunden wurde.

Für mich war klar, dass es nicht gut ist, wenn die geschwisterliche Beziehung so unversöhnt abrupt beendet wird, ohne Abschied, ohne Ritual, in ungeklärter Offenheit und emotionaler Verstrickung. Und tatsächlich bekam ich den dringenden Auftrag „von oben", in Anwesenheit des Bruders einen Kontakt zu ihr herzustellen. Meine Schwierigkeit war, wie ich dies dem Bruder nahebringe, für den Kontakte mit Verstorbenen nun nicht gerade zum Alltag gehörten. Ich war aber mutig und er ließ sich darauf ein, obwohl er nicht wusste, was geschehen würde. Ich konnte es ihm auch nicht sagen, da ich vorher nie weiß, wie sich ein Kontakt herstellt und entwickelt.

Die Schwester war sofort für mich wahrnehmbar und ich frage sie als Erstes, ob sie etwas von uns braucht. Sofort spürte ich vor meinem Gesicht eine schnelle, heftige Handbewegung, die mich abwehrte und zurückstieß. Ich wich instinktiv in meinem Stuhl nach hinten, als müsste ich einem drohenden Schlag ausweichen, und war geschockt. So etwas war mir noch nie passiert und ich hatte gedacht, dass sie mich kontaktiert hätte, weil sie etwas von mir wollte. Die Dinge, die ich wahrnahm, sprach ich laut aus, damit der Bruder folgen oder mitarbeiten konnte. Als ich von dieser Zurückweisung berichtete, sagte er lakonisch: „Ja, so war sie immer."

Da ich mich aber nicht so leicht zurückweisen lasse, fasste ich mich wieder und fragte ihren unbewussten Anteil, ob der bereit wäre, mit mir zu kommunizieren. Dieser Teil von ihr bat mich dringend um Unterstützung. Da ich auf meine erneute Frage, was sie brauche, keine Antwort bekam, wartete ich und horchte auf Signale in meinem eigenen Körper oder in meinem Gefühlsleben. Und genau so heftig wie die Zurückweisung überflutete mich ein starker Schwall von Traurigkeit. Ich signalisierte ihr, dass ich eine große Traurigkeit in ihr wahrnahm. Die Traurigkeit und der Drang zu weinen verstärkten sich in mir. Dazu kam ein Gefühl großer Leere und tiefer Einsamkeit. Ich gab ihr mein Mitgefühl und versuchte, die Gefühle bei ihr zu lassen. Aber der Drang, selbst zu weinen und zu schluchzen und Einsamkeit und Verzweiflung selbst zu erleben, wurden wellenweise sehr stark.

Ich sagte ihr, dass es nicht meine Aufgabe sei, diese Gefühle für sie zu bearbeiten und aufzulösen. Ich versuchte, sie ihr zurückzugeben, zusammen mit meinem Mitgefühl. Es gelang mir nicht wirklich und ich fühlte mich zeitweise gezwungen, ihre Gefühle zu spüren. Ich sprach ihr und ihrem Bruder gegenüber aus, dass wir ihre andere, verborgene Seite zu sehen bekämen, die, die litt und unglücklich gewesen war.

Diese Seite hatte sie in ihrem Leben nie gezeigt und sich keine Hilfe geholt, sondern immer einen Schuldigen gefunden für ihre eigene Misere. Nun musste sie wohl erkennen, dass sie ein unglücklicher Mensch gewesen war. Dazu kam noch die Erkenntnis, dass sie sich als Versagerin auf der ganzen Linie fühlte. Wir sahen ihr großes Elend und ich verneigte mich davor. Ich hielt inne und sagte ihr, dass hinter und neben ihr mehrere feinstoffliche Begleiter und Begleiterinnen stünden, die bereit wären, sie zu unterstützen und ihr die nächsten Schritte zu zeigen. Sie müsse sich ihnen aber öffnen. Sie ignorierte dies zunächst. Ich wartete und bat meine Lehrer und Meister, sie zu unterstützen. Ihre Abwehr war zunächst massiv, wie hier auf der Erde. Ich sprach sie immer wieder an, sie möge sich den anderen Kräften anvertrauen. Sie wüssten den Weg aus ihrem Elend. Es dauerte geraume Zeit, bevor ich bemerkte, dass sie sich etwas zur Seite lehnte und ein wenig Spannung aus ihr wich. Im Folgenden hatte ich

die Aufgabe, die Verbindung zwischen ihr und ihren Begleiterinnen zu stärken, bis sie sich ihnen etwas mehr anvertraute,
das Gesicht von uns abwandte und begann, sich von uns
wegzubewegen.

Nach dieser Arbeit fühlte ich mich sehr angestrengt, in ge-
wisser Weise sogar benutzt.

Zwei Dinge wurden mir noch deutlich. Die Anwesenheit des
Bruders war nötig, damit es einen Zeugen aus der Familie
gab, der ihre andere, leidende Seite sah, damit das Bild der
garstigen, widerspenstigen Frau, das die Familie von ihr hatte, durch die andere Seite komplettiert wurde. Das andere war
die Erkenntnis, dass sie mich in ein heftiges Weinen drückte,
aus dem Wunsch, dass wenigstens *ein* Mensch Tränen über
ihren Tod vergießen möge.

Ich sprach anschließend noch mit dem Bruder über diese Sitzung und wie zerrissen sich diese Schwester anfühlte. Er sagte, dass sie eine schizophrene Großmutter gehabt habe. Wir
hielten es für möglich, dass sie eine Spaltungstendenz in sich
gehabt haben könnte, die verhinderte, dass sie in ihrem Leben
zu einem konstruktiven, ganzen Menschen heranwachsen
konnte.

Zwei Tage nach der ersten Sitzung meldete sie sich wieder
bei mir mit einem kleinen Schlag gegen meinen Kopf. Es war
schon spät in der Nacht und ich war müde. Ich versprach ihr,
mich morgen um sie zu kümmern. Am nächsten Morgen – es
war Sonntag – bekam ich Kopfschmerzen. Sie war wieder da
und ich fand sie sehr bedrängend. Ich fragte sie, was sie
brauchte. Sie war unklar und wusste es nicht wirklich. So lieh
ich ihr mein psychologisches Wissen und meine Überlegun-
gen. Schließlich fand ich heraus, dass sie sich den Kontakt
und die Versöhnung mit ihren Geschwistern wünschte, ja

haben wollte. Sie wünschte nicht, sie forderte. Sie schien keine Ahnung davon zu haben, dass sie ihrerseits auch etwas dafür tun musste. Ich war erstaunt über so viel Ignoranz. Ich wurde pädagogisch belehrend und sagte ihr, dass sie zunächst einen Prozess der Selbsterkenntnis durchlaufen müsste, um herauszufinden, was ihr Anteil an ihren gescheiterten Beziehungen sei. Dann könnte daraus vielleicht der Wunsch entstehen, die Geschwister und die anderen Menschen, die sie in ihrem Leben zurückgewiesen hatte, selbst um Verzeihung zu bitten oder ihnen zu sagen, dass es ihr leid tue. Dann erst könne sie die anderen um Verzeihung bitten.

Ich sah, dass ihr Bewusstsein immer noch ziemlich verwirrt war. Ich fragte sie, ob sie dies wisse oder verstehen könne. Sie vermittelte mir eine Mischung aus: Ich weiß nicht, ich kann nicht und ich will nicht.

Ich verwies sie wieder auf die Begleiter, die darauf warten, sie dorthin zu bringen, wo sie Unterstützung finden könnte auf dem Weg zur Selbsterkenntnis.

Meine weitere Arbeit bestand dann darin, mit Unterstützung aus den feinstofflichen Ebenen, die Verwirrung in ihrem Kopf ein wenig mehr zu klären und die Verbindung zu ihren Begleitern zu stärken.

Danach hat sie mich nicht mehr kontaktiert.

Angst vor Abhängigkeit

Der 13-jährige Sohn einer Klientin zeigte seit Jahren immer wieder eine große Angst vor Sucht und Abhängigkeit, sowohl von Alkohol als auch von Drogen. Er selbst hatte keinen näheren Kontakt dazu, weder in seiner Familie, in seinem Dorf noch in der Schule.

Der Junge war sehr sensibel und reagierte sehr fein auf das, was in anderen Menschen geschah.

Nun berichtete die Mutter, dass im Nachbarhaus (bevor die Familie dort hinzog) ein junger drogenabhängiger Mann wohnte, der sich das Leben nahm. Der Zusammenhang wurde klarer. Kurz darauf sah ich, wie dieser junge Verstorbene hinter dem Jungen auftauchte und wie er diesen am Rücken an einer Art Laufgeschirr festhielt. An diesem Geschirr war ein Tau befestigt, an dem der Verstorbene den Jungen an der längeren oder kürzeren Leine laufen lassen konnte. Ein noch süchtiger Verstorbener zieht einen sensiblen und beeinflussbaren Jungen in seine Suchtrichtung.

Dies war einer der wenigen Momente, in denen ich selbst richtig wütend wurde. Ich herrschte den verstorbenen Süchtigen an, dies sei eine Gemeinheit und dass ich es nicht zulassen würde, dass er weiter Macht über den Jungen ausüben könne. Natürlich wehrte er sich. Ich hatte aber nur das Wohl des Jungen im Auge und durchtrennte das verbindende Tau mit einem scharfen Schnitt. Beide Enden des Taus fielen zu Boden und der Verstorbene verschwand so schnell, wie er gekommen war. Ich vergrößerte noch den Abstand zwischen beiden und wandte mich dem Rücken des Jungen zu, um ihn kräftiger und widerstandsfähiger zu machen.

Der Junge hat inzwischen das Gymnasium abgeschlossen und ist ohne große Ängste und Schwierigkeiten gut durch das Alkohol- und Drogenangebot in der Schulzeit hindurchgekommen.

Exkurs: Ungelöste Verstrickungen

Gefühlsbindungen und Beziehungskonflikten kann niemand im Leben entkommen. Wir leben nicht isoliert auf einsamen Inseln, sondern in Verbindungen und Verbänden. Wir sind verbunden durch Familienbande und Zugehörigkeiten zu allerlei Gruppen, zu der Gesellschaft, in der wir leben, und wir sind verbunden mit der ganzen Menschheitsfamilie. Das hält und trägt uns und gibt uns eine Identität.

Anfangs sind wir sogar direkt körperlich verbunden und werden durch die Nabelschnur ernährt. Aber nicht nur das. Schon im Mutterbauch erreichen uns Gefühle der Mutter oder des Umfeldes: Freude, Liebe, Angst, Ablehnung. Und auch, wenn die Ent-Bindung stattgefunden hat, geht die emotionale Beziehung weiter. Ein Leben lang.

Das kleine Menschenkind wird hineingeboren in eine gute Versorgung, eine Überversorgung, in Mangel oder gar in ein konfliktgeladenes Umfeld. Und entsprechend entwickelt es seine eigene Gefühlswelt, welche es zunächst aber nicht von der der Mutter unterscheiden kann.

Leider ist es für viele Erwachsene oft noch immer schwierig, ihre eignen Gefühle von den Wünschen oder Erwartungen anderer Menschen zu unterscheiden und zu trennen.

In emotionaler Hinsicht erwachsen zu werden, eine emotionale Intelligenz zu entwickeln, ist ein schwieriges Geschäft. Und leider ist „Erwachsenwerden", Selbsterfahrung und Selbsterkenntnis, Kommunikation und Konfliktbewältigung immer noch kein Schulfach.

Und so ist es nicht verwunderlich, dass wir uns überschwänglich und ungeschützt oder ängstlich und schüchtern mit unseren unbekannten Gefühlen in die Welt begeben, dass wir lieben und leiden, uns verwickeln und verstricken, von unseren Gefühlen überrascht oder von ihnen überschwemmt werden. Oder wir tun das Gegenteil, nämlich Gefühle unterdrücken, gar abspalten, so dass wir sie nicht mehr als zu uns zugehörig erkennen können.

Jeder kennt das. Wir üben ein Leben lang, uns zu klären, Gefühle zu identifizieren, bei sich oder anderen zu orten, Kommunikationsformen zu entwickeln, Verstrickungen zu entwirren, Bande zu zerschneiden und wieder zu knüpfen, zu verstehen und uns zu versöhnen.

In diesen Prozessen kann sich manchmal eine große Klarheit der Gefühle einstellen, die stimmige Nähe und Distanz, das richtige Wort, die echte Verbundenheit. Und mit jeder dieser Erfahrungen wächst das Vertrauen, dass eine klare, authentische Kommunikation über Worte und Gefühle möglich ist.

Aus meiner Therapiepraxis ist mir bekannt, wie krankmachend Mangelerfahrungen, Abhängigkeiten oder ungelöste emotionale Verstrickungen sind. Ein großer Teil der Therapie besteht darin, körperliche und emotionale Traumatisierungen, Mangelerfahrungen und alte oder aktuelle Konflikte aufzuspüren, um sie anzuschauen, zu bearbeiten bzw. mit energetischer Heilarbeit aufzulösen und zu transformieren.

Es wäre gut, zu Lebzeiten schon zu lernen, das eigene Gefühlsleben in Ordnung zu bringen, eigene Defizite und Fehler zu erkennen, Konflikte konstruktiv lösen zu lernen, Schuld anzuerkennen und sich um Versöhnung zu bemühen.

Es wäre gut, zu Lebzeiten schon zu erkennen, wo Abhängigkeiten bestehen und an wem und woran man selbst festhält
bzw. von wem man festgehalten wird. Wenn dies gelingt,
hilft es, die eigene Freiheit und die der anderen zu vergrö-
ßern.

Ich gehe davon aus, dass eine emotionale Klärungs-, Versöh-
nungs- und Heilungsarbeit, wenn sie zu Lebzeiten gemacht
wird, es erleichtert, am Ende seines Lebens die Kreise zu
schließen und von Menschen, dem eigenen Leben und der
Erde Abschied zu nehmen. Und den Hinterbliebenen wird es
vielleicht dadurch etwas einfacher, die Verstorbenen in Frieden gehen zu lassen.

Kriegstod

Wie viel Leid Kriege über die Menschen bringen, erleben wir zurzeit wieder verstärkt. Die Zerstörung von Häusern, von Strukturen und besonders Tod und Verletzung von Menschen ist unbeschreiblich. Es ist so schrecklich, dass wir das Elend nicht gerne an uns heranlassen. Wir versuchen uns zu schützen, so gut es geht.

Gleichzeitig sind wir die Generationen nach den zwei Weltkriegen. Und als solche tragen wir die Folgen der unaufgearbeiteten Verluste, Traumatisierungen und Schädigungen in uns. Ungeheiltes meldet sich bis in die 3. und 4. Generation, wovon im Kapitel „Weitergabe und Übernahme" und in dem Exkurs über Transgenerationalität noch die Rede sein wird.

Aber zunächst folgen hier einige sehr unterschiedliche Geschichten aus dem Krieg.

Bitterkeit

Eine meiner Klientinnen wurde von ihrem Mann verlassen.

Irgendetwas hakte und es fiel ihr – trotz gründlicher Aufarbeitung – unendlich schwer, die Situation anzunehmen und ihren Mann mehr und mehr loszulassen.

Ich bat die Klientin zu prüfen, ob in ihrer Familie Ähnliches passiert sei. Da erinnerte sie sich an ihren Opa väterlicherseits, den sie nie kennengelernt hatte.

Sie erzählte seine Geschichte:

Er war verheiratet und die Kinder purzelten, schließlich waren es sieben Kinder. Er trat in die NSDAP ein und schließlich auch in die SA, weil er sich dadurch eine bessere Arbeit

versprach, um seine Familie ernähren zu können, so wurde
ihr gesagt.

Kurz vor Kriegsende wurde er von der SS als Kurier einge-
setzt, wozu er ein Motorrad hatte. Er versuchte mit seinem
Motorrad Familienmitglieder in Sicherheit zu bringen, da
sein Heimatort umkämpft war. Er wurde erwischt und als
vermeintlicher Deserteur von einem übereifrigen SS-Mann
erschossen. So blieb seine Frau mit den Kindern in dramati-
schen Zeiten allein.

Ich nahm Kontakt zu dem Opa auf.

Er erschien in Uniform und sprach von Schuldgefühlen. Worüber, wurde nicht ganz klar.

Es wurde deutlich, dass er mit seinem Leben und Sterben
gesehen und gehört werden wollte.

Er wollte nicht tabuisiert werden wie so viele andere, deren
leidvolles Schicksal von den Hinterbliebenen eher ver-
schwiegen wird. Er wollte Teil der Familie sein.

Er berichtete, dass er alles für seine Familie getan hatte.
Letztlich hatte er für deren Überleben sein Leben aufs Spiel
gesetzt und es wurde ihm genommen. Die Bitterkeit darüber
war ihm anzumerken, denn gerade die Rettung seiner Familie
führte zu seinem Tod.

Er sagte: „Es tut mir leid, sowohl für mich und mein Leben
als auch für meine Frau und meine Familie." Er war sehr
traurig.

Wir, seine Enkelin und ich, verneigten uns in Mitgefühl und
in Wertschätzung vor seinem Leben und Sterben.

Er wollte zur Familie gehören, und so bat er um die Verbindung zu seiner Enkelin. Sie sagte: „Du bist mein Opa und ich bin deine Enkelin."

Dann war es gut und er konnte gehen.

Und die Enkelin ging einige Tage danach an sein Grab.

Zeuge von Gewalttaten

Der Schwiegervater einer Klientin war gestorben. Es ging ihr schlecht und sie bemerkte, dass sich auch ihr bereits verstorbener Vater in ihre Gefühle mischte. Sie hatte das Gefühl, dass er noch etwas brauchte oder sagen wollte. Eigentlich hatten sich beide gut voneinander verabschiedet.

Was gab es noch?

Mir fiel es schwer, einen Kontakt zu bekommen. In mir tauchte das Wort „Versöhnung" auf. Ich horchte und spürte nach. Endlich kamen die Worte „Krieg" und „Vergewaltigung im Krieg" zu mir.

Bei der Klientin war im Zusammenhang mit ihrem Vater dieses Thema schon einmal aufgetaucht, in dem Sinne, dass er Zeuge von Misshandlungen und Vergewaltigungen als Soldat gewesen sein muss. Ja, darum ging es ihm. Misshandlung und Vergewaltigung von Frauen im Krieg.

Wir schraken beide vor diesem Thema im Zusammenhang mit Vergebung zurück. Dafür waren wir beide nicht bereit. Aber es kristallisierte sich heraus, dass es ihm, dem Vater, dem Mann, dem Soldaten ein Bedürfnis war, mit diesem Thema gesehen und gehört zu werden.

Er sagte uns eindringlich, wie schrecklich er Krieg und Misshandlung von Frauen fand, sie aber zusammengehören.

Wir waren erleichtert. Wir verneigten uns vor seinem Leiden, auch was dieses Thema betrifft. Wir dankten ihm und fühlten uns unterstützt (als Frau und Tochter) durch seine Aussage und seine Sichtweise.

Gefallen im Krieg

Eine Frau kam zu mir in die Praxis, weil ihr der Wiedereinstieg in den Beruf nach der Kinderpause merkwürdig schwerfiel.

Während ich energetisch an Hindernissen in der intrauterinen Zeit arbeitete, musste ich husten, spürte heftigen Druck auf der Brust und meine Kehle wurde eng. Ich bekam Atemnot und spürte die Qualität von Lebensbedrohung, die aber nicht mit ihrer eigenen Geburt zu tun hatte, wie man denken könnte.

Ich fragte sie, ob sich in ihrer Familie vielleicht jemand erhängt habe oder sonst in heftige Luftnot geraten sei.

Sie sagte, sie wisse nur, dass zwei Brüder ihrer Mutter im 2. Weltkrieg gefallen seien. Sie wisse aber nicht, wann und wie.

Ich spürte sofort, dass beide direkt rechts hinter mir standen. Da unsere Therapiestunde beinahe zu Ende war, fragte ich die Klientin, ob sie bereit wäre, wiederzukommen (es war ihre erste Stunde), damit ich etwas für diese Verstorbenen tun könne. Sie bejahte, und so sagte ich beiden meine Unterstützung zu, sie sich aber noch etwas gedulden müssten.

In der nächsten Stunde begannen wir mit dem Thema der beiden gefallenen Onkel. Es stellte sich heraus, dass sie, die

Nichte, keine Ahnung hatte, wann und wo die beiden Brüder ihrer Mutter umgekommen waren. Ja, sie wusste nicht einmal ihre Namen! Sie kannte kein Datum, kein Foto! Die beiden wurden als Geschwister der Mutter totgeschwiegen. Sie waren sozusagen zwei Mal gestorben, einmal im Krieg und einmal in der Familie. Mir grauste.

Mangels Namen bat ich die Nr. 1 mit mir in Kontakt zu treten. Ich bekam die Information, dass er elend in Russland gestorben ist. Es hatte ihm den Brustkorb zerrissen (siehe meine Symptome). Ich fragte ihn, was er von mir, von uns brauchte. Es war für ihn nötig, dass dies zur Kenntnis genommen und von einem mitfühlenden Wesen gesehen wurde.

Ich weiß inzwischen, wie elementar wichtig es für viele Verstorbene ist, in einem bestimmten Aspekt gesehen zu werden, und so verneigte ich mich vor seinem kurzen Leben und seinem gewaltvollen Tod. In Mitgefühl verneigten wir uns beide vor ihm in seinem nicht-gelebten Leben.

Er war erleichtert, blühte geradezu auf. Er war gesehen worden und dadurch angekommen. Ruhe kehrte ein. Dann bemerkte ich ein Band zwischen ihm und seiner Nichte. Es war lose und übte keinen Zug aus. Es war einfach da und verband beide. Es war das Familienband. Und so bat ich die Klientin zu sagen: „Du bist mein Onkel und ich bin deine Nichte." Sie sagte es mehrmals, bis es wirklich bei ihr selbst und bei ihm angekommen war, bis diese Verbindung, diese Bindung, wirklich etabliert war. Es gelang. Sie war erstaunt. Es war gut.

Nach einer kurzen Pause bat ich Nummer 2 zu kommen. Ich spüre immer in den Raum hinein und nehme wahr, wo der unerlöste Aspekt des Verstorbenen erscheint. Für mich überraschend schwebte er auf unserer Höhe im Raum zwischen der Klientin und mir. Einen Augenblick später, saß er zu meiner Überraschung auf meinem Schoß. Er saß auf meinen Oberschenkeln mit dem Rücken zu mir, so dass es sich für mich natürlich anfühlte, ihn von hinten zu umfassen und zu halten. Mütterliche Gefühle stiegen in mir hoch und es war mir bewusst, dass er sich im Sterben in die Arme und den Schoß seiner Mutter gewünscht hatte.

Stellvertretend war ich für kurze Zeit seine Mutter und schenkte ihm das Ankommen zu Hause und die Heimkehr dorthin, von wo er (im irdischen Bereich) kam.

Nach einigen Momenten der innigen, mitfühlenden Verbundenheit löste er sich gleichsam auf und glitt zur Erde, in der sein Körper schon lange lag. Wieder war es nötig, dass die Klientin sagte: „Du bist mein Onkel und ich bin deine Nichte."

Ich atmete tief durch und dachte, dass die Arbeit getan sei.

Aber da tauchte der Vater der Gefallenen, also der Großvater der Klientin auf. Sie wusste, dass er den Krieg zwar überlebt hatte, aber bald danach gestorben war. Auch ihn kannte sie nicht.

Er zeigte sich in seinem ungeheuren Schmerz. Auch seine Brust war zerrissen, aber nicht von einer Granate, sondern von dem Seelenschmerz über den Verlust seiner beiden Söhne. Er war im Krieg – irgendwo – und erhielt nacheinander die Nachricht, dass seine Söhne gefallen sind. Er zeigte uns den Schmerz, der ihn an die Grenze des Aushaltbaren trieb.

Tiefste menschliche Grenzerfahrung. Auch für mich war die Heftigkeit kaum auszuhalten. Ich flüchtete mich geradezu in die innere Haltung des Mitgefühls. In dieser Haltung verneigten wir uns wortlos vor diesem unsagbaren Schmerz des Vaters über den Tod seiner Kinder im Krieg in dem Bewusstsein, welch tiefes menschliches Elend der Krieg, jeder Krieg, hervorbringt.

In einem letzten Akt wurden von mir der Vater, die Söhne und die Enkelin verbunden. Die Familienbande wurden wieder hergestellt, Verbindungen geheilt.

Zum Schluss sagte ich zu der Klientin: „Sie haben heute eine Familie geschenkt bekommen."

Ja, so war es.

Bekenntnis

In der Zeit, als ich in der Praxis viel mit im Krieg Verstorbenen („Gefallenen") zu tun hatte, „meldete" sich auch der Vater einer Freundin, die damals 80-jährig nicht wirklich zur Ruhe zu kommen schien. Sie war ihr Leben lang hochaktiv, konnte aber nicht ruhen oder lassen.

Ich wusste, dass ihr Vater im Krieg Soldat war und aus der russischen Gefangenschaft psychisch beschädigt zurückkam. Er wurde nie wieder der Alte, so dass seine Kinder mit einem kriegstraumatisierten Vater gelebt haben, der – wie die meisten – nie über die Dinge sprach, die er erlebt und getan hatte.

Ich war nicht in meinem Praxisraum, da, wo sich die meisten Begegnungen abspielen, sondern ich saß gemütlich im Wohnzimmer bei einer Tasse Tee. Plötzlich tauchte jemand auf. Als ich begriff, wer es war, und dass ich etwas zu tun hatte, war ich gar nicht bereit. Ich hatte großen Widerstand, wusste ich doch, dass es wieder um Krieg ging und mir die Angelegenheit außerdem durch die Freundschaft sehr naheging. Schließlich überwand ich meinen Widerstand und öffnete mich für die Arbeit.

Nun folgt das Protokoll des Kontaktes mit dem lange verstorbenen Vater, das ich meiner Freundin später mit Kommentar in die Hand drückte.

Mir ist übel.
Der Kontakt stellt sich sofort her. Ich habe kein Gefühl und auch keinen klaren Impuls.
So frage ich: „Brauchst du etwas?"
Schweigen.
Er: „Ich fühle eine große Last auf meinen Schultern."
Das bringt mich intuitiv zu der Frage: „Hast du im Krieg Menschen getötet, allein oder mit anderen zusammen?"

Antwort: „Ja."

Ich fühle, dass es ihn stark belastet und dass dieses Eingeständnis für ihn wichtig ist.

Ich: „Wünschst du dir, dass ich dich entlaste?"

Antwort: „Ja."

Ich: „Das kann ich nicht. Ich kann dein Bekenntnis hören und es annehmen, ohne dich zu verurteilen. Vielleicht machst du dieses Eingeständnis auch stellvertretend für viele, die es nie gewagt haben, sich schuldig zu bekennen."

Ich spüre keinerlei Vorwurf in mir, sondern zunehmend Mitgefühl mit ihm. Mehr kommt von ihm nicht.

Ich: „Ich verneige mich vor deinem Leben, der Tatsache, dass du in dieser düsteren Zeit gelebt hast und diesen Weg gehen musstest, dass du Kinder in die Welt gesetzt und Menschen getötet hast. Dafür hast du mein tiefes Mitgefühl."

Ich verneige mich und verharre einen Moment. Der Druck schwindet, und ich fühle in mir Dankbarkeit dafür, dass einer sich seinem Tun stellt.
Ich: „Ich danke dir, dass du dich geoffenbart hast."

Ich denke, wir sind fertig. Aber da kommt der Satz:
„Ich habe eine Botschaft für E." (seine Tochter)

Botschaft:

„Es tut mir leid, dass du durch mich belastet warst und bist. Und es tut mir leid, dass ich dich nicht besser auf deinem Lebensweg unterstützen konnte. Du hast dein Leben bewundernswert gemeistert. Gib Ruhe."

Die Menschen, die zu Hause, im Pflegeheim oder im Krankenhaus sterben, werden in irgendeiner Weise begleitet. Die Art und Weise ist vielleicht nicht immer optimal, aber es gibt Menschen und ein Umfeld, das sie sieht, für ihre basalen Bedürfnisse sorgt und möglicherweise ihre letzten Wünsche erfüllt.

Wie anders geht es denen, die als Soldaten sterben. Ich spüre eine große Abwehr, mir das wirklich vorzustellen. Sie sind fern der Heimat, verwickelt in das grausame Spiel von Töten und Getötetwerden.

Das Umfeld ist die Kompanie, die Truppe und am nächsten ist ihnen der „Kamerad an ihrer Seite". Jetzt verstehe ich die Wichtigkeit des Liedes „Ich hatt' einen Kameraden, einen bessern findst du nicht". In meiner Schulzeit sangen wir es am Volkstrauertag am Kriegerehrenmal. Mir wurde jedes Mal übel und ich war zornig, weil die Kameradschaft so hervorgehoben wurde statt die Grausamkeit des Krieges zu benennen.

Die Soldaten rücken vor. Zum einen Zeitpunkt erobern sie und zu einem anderen sind sie von Hunger, Durst und Hitze oder Kälte bedroht. Wenn sie bei einem Gefecht direkt sterben, ist es wahrscheinlich ein Segen. Wenn nicht, gehen sie durch unendliche Schmerzen, Qualen und Elend, bis sie in einem Lazarett landen oder sterben. Sie sterben im „Feld". So nennt man das. Aber dieses Feld ist kein Feld mit Blumen und Schmetterlingen, sondern es ist ein Schlachtfeld. Aber das sagt man nicht so gerne.

Und sie werden beschädigt, zerrissen, zerfetzt. Sie ächzen, stöhnen und schreien. Sie verhungern, erfrieren, verbluten und krepieren. Vielleicht hält ein Kamerad ihre Hand, hört ihre letzten Worte und drückt ihnen die Augen zu.

Und zu Hause heißt es dann: „Er ist gefallen auf dem Feld der Ehre für das Vaterland." „Heldenhaft" ist auch ein viel gebrauchter Zusatz.

Die Versuche der Beschönigung sind vielfältig, aber ich bezweifle, ob dieser Versuch der Betäubung des Schmerzes den trauernden Frauen und Kindern wirklich hilft. Meistens wissen sie nicht, wie ihr Sohn, ihr Mann und Vater gestorben ist. Mit ihren Gedanken und der Kraft ihrer Herzen versuchen sie, den Abstand zu überbrücken und die Liebe aufrechtzuhalten. Manchmal kam später noch ein Kamerad und berichtete vom Tod des Soldaten.

Auch die sterbenden Soldaten verbinden sich oft mit Zuhause und schicken ihre letzten Gedanken dorthin. Aber sie werden nicht gesehen und begleitet in der schmerzlichen Einsamkeit, in der tiefen Verlassenheit ihres Sterbens. Wie ich bei meiner Arbeit mit Verstorbenen erkenne, ist es einem Menschen aber sehr wichtig, gerade am Lebensende mit seinem Leben und Sterben wirklich von einem anderen Menschen gesehen zu werden.

So ist unsere Erde voll von Schlachtfeldern, auf denen die Knochen der ungesehen in der Fremde Gestorbenen und Verscharrten liegen. Es ist gut, ihnen unser Mitgefühl zu geben.

Und nach allen Kriegen wird der Mantel des Schweigens über das Erlebte und Getane gedeckt. Die meisten Kriegsheimkehrer oder die Hinterbliebenen schweigen. Wer hat sich entlastet, wer hat gebeichtet, seine eigenen Taten bekannt? So wird mit dem Verschweigen und Vergraben auch das Thema der Schuld verdrängt.

Einige Wenige tun das Gegenteil: Sie können gar nicht aufhören, über ihre Kriegserlebnisse zu sprechen und alle anderen damit zu belasten.

Die berichteten Beispiele geben einen kleinen Eindruck von der Vielfalt des Unbewältigten und Unerlösten.

Manchen darf ich noch helfen. Viele sind auf andere Weise bereits erlöst und viele haben etwas von ihren Themen an die nachfolgenden Generationen weitergegeben, wie das nächste Kapitel zeigt.

Weitergabe und Übernahme
von ungelösten Themen

Wie über Kriegserfahrungen, aber auch in anderen Beispielen beschrieben, werden verdrängte und tabuisierte Ereignisse, unbearbeitete Erlebnisse, ungelöste Probleme an die Nachfahren weitergegeben. Natürlich muss dieser Weitergabe die unbewusste Bereitschaft eines Nachfahren gegenüberstehen, zu empfangen und weiterzuleben, was nicht gelebt worden ist.

Heile Familie

Eine junge Frau, die schon lange von ihrem Mann getrennt lebte, kam kurz vor ihrem Scheidungstermin zu mir. Sie wurde immer wieder heimgesucht von Attacken tiefer Sehnsucht nach einer heilen Familie. Sie fühlte sich dabei wie ein kleines, tieftrauriges Mädchen. Beinahe zwanghaft muss sie immer wieder dem Gedanken nachgehen, ob es nicht doch möglich wäre, die Familie wieder zusammenzubringen. Dies stand in einem starken Gegensatz zu der gelebten Realität.

In der Ehe wurden drei Kinder geboren. Das Älteste lebte beim Vater, der inzwischen ein weiteres Kind mit einer neuen Partnerin hatte. Zwei Kinder lebten bei ihr. Alle Kinder sahen sich regelmäßig, hatten einen guten geschwisterlichen Kontakt und alle wichtigen Dinge wurden von den Eltern gemeinsam besprochen. Auch die Frau hatte inzwischen wieder einen neuen Partner.

Nun war es erst einmal nicht verwunderlich, dass trotz allem, wenn die Scheidung, der endgültige Schlusspunkt naht, sich noch einmal Trauer und nicht erfüllte Sehnsüchte melden.

Die Frau fand die Art und die Intensität ihrer Gefühle aber übertrieben und unangemessen. Und außerdem standen sie sehr im Kontrast zu den Gefühlen der Befreiung, die sie auch hatte. Sie fühlte so etwas wie ein untröstliches kleines Mädchen in sich. Dieses schien aber keine Beziehung zu ihrer eigenen Biographie zu haben, denn sie war in einer intakten, liebevollen Familie aufgewachsen. Welches kleine, verlorene Mädchen ohne heile Familie lebte also in ihr oder versuchte, sich durch sie Gehör zu verschaffen?

Wir mussten nicht lange suchen. Ihr Großvater „meldete" sich. Sie war ergriffen und betroffen. Sie erzählte, dass sie sich erst vor kurzem mit ihm und seiner Familie anhand von Fotos beschäftigt hatte. Ich bat sie, die Fotos zu holen. Es gab ein schönes Foto des Hochzeitspaares, der Großvater mit seiner Frau in den 30er Jahren. Dann gab es noch eines von seiner Frau mit der gemeinsamen Tochter und ein späteres Foto von ihm allein.

Was war geschehen? Er musste als Soldat in den Krieg, weg von Frau und Tochter. Als er aus dem Krieg zurückkam, waren Frau und Tochter tot, unter Trümmern begraben. Die „heile Familie" hatte es nur kurz gegeben, bevor der Krieg sie zerstörte.

Wo lagen die Verbindungen zwischen der jungen Frau und dieser Geschichte und was gab es zu tun?

Zunächst mussten wir die Zerstörung, das so ersehnte und nicht gelebte Familienleben wahrnehmen und alle drei mit unserem Mitgefühl umhüllen. Während wir uns zentrierten, erfüllten Qualitäten von Trostlosigkeit und Bodenlosigkeit den Raum. Ich sprach dieses aus und wir verneigten uns vor dem, was diese Menschen erlebt und erlitten hatten. Zuletzt stellten wir uns diese drei als Familie vereint vor und baten um Heilungsenergie für die Situation damals. Nach einer Weile „sah“ ich sie verbunden und es wurde ganz ruhig in uns.

Dieser Großvater hatte später noch einmal geheiratet und Kinder bekommen. Den Schmerz über den Verlust der ersten Familie hatte er aber nie überwunden. Und dieser Schmerz und die tiefe Sehnsucht, auch die des kleinen Mädchens, waren es, die sich in der übernächsten Generation an die Oberfläche arbeiteten, um endlich geheilt zu werden.

Die Scheidung der jungen Frau verlief freundschaftlich und problemlos und wurde mit einem Kaffeetrinken der ehemaligen Eheleute und ihrer gemeinsamen Kinder beschlossen.

Versagen

Ein ganz anderes Beispiel aus dem Krieg ist das folgende.
Meine Klientin war eine Frau mittleren Alters, intelligent, gut in ihrem Beruf und mit ihren Kindern. Sie hatte das Zeug zu mehr und machte eine Fortbildung, um sich höher zu qualifizieren und andere Fähigkeiten auszubauen.

Immer und immer wieder kamen Gefühle des Versagens hoch, die ihr suggerierten, dass sie nicht gut genug sei und dass sie versagte in dem, was sie tat.

In ihrer Psychotherapie hatte sie viel daran gearbeitet. Aber es hatte nicht wirklich Veränderung gebracht und nun war sie kräftemäßig und nervlich so am Ende, dass sie aufgeben wollte.

Ich bekam die Information, dass ihr Großvater väterlicherseits sie irgendwie bindet.

Sie wusste zu berichten, dass dieser sich seinem Bruder immer unterlegen fühlte.

Er war Soldat in Russland und arbeitete an einer Abschussrampe. Einmal sei er beim Abschuss des Projektils unglücklicherweise mit der Kleidung hängengeblieben und dadurch schwer verwundet worden. So kam er ins Lazarett und vermutlich hatte ihm dies einen weiteren Kriegseinsatz erspart. Dies war allerdings *mein* Gedanke, denn er äußerte sich ganz anders, als ich ihn kontaktierte. Ich sah ihn an seinem Kriegsgerät stehen und es war seine Ehre, ein guter Soldat zu sein. Und ausgerechnet ihm passierte es, dass der Schuss in eine ganz andere Richtung abging, als er sollte, und er kampfunfähig war. Er fühlte sich als Versager.

Als ich ihm zu vermitteln versuchte, dass ihm dies vielleicht das Leben gerettet hat, wurde es gar nicht von ihm gehört. Er konnte nur immer wiederholen, dass er ein großer Versager sei.

Wir nahmen seine Emotionen wahr und sagten ihm aber trotzdem als Frauen, dass wir froh wären, dass er nach Hause kam und nicht im Krieg starb. Ganz langsam beruhigte er sich und die Verbindung zwischen ihm und seiner Enkelin (meiner Klientin) wurde schwächer.

Nun nahm sie wahr, wie sehr sie ihrerseits seine Gefühle des Versagens zu sich hinzog und dass ihr Bauch, der diese Gefühle aufnahm, sich wie eine große Wunde anfühlte. Es wurde ihr noch einmal deutlich, wie stark sie häufig das aufsaugte, was bei anderen Menschen war, und wie sehr sie sich und ihre eigenen Impulse zurückstellte.

Wir arbeiteten nun an der Trennung dieser schädigenden Verbindung zu diesem Großvater, der so sehr ein „guter" Soldat sein wollte. Und wir arbeiteten an ihrer besseren energetischen Abgrenzung zu anderen Menschen und an der Stärkung eigener Wertvorstellungen.

Selbsttötungsimpulse

Ein ehemaliger Klient von mir, der zu dieser Zeit in einer tiefen Depression festhing, tauchte in der Therapiestunde einer anderen Klientin auf. Beide kannten sich. Offensichtlich suchte der ehemalige Klient über sie den Weg zu mir.

Während ich sie behandelte, bekam ich heftige Schmerzen auf der Brust. Das Gefühl war so, als ob mir ein Alb auf der Brust säße. Die Information war, dass dieser Alb bei dem ehemaligen Klienten auf der Brust saß.

So bat ich ihn, energetisch bei uns in der Praxis zu erscheinen. Er war jemand, der wenig in sich selbst ruht und sich am liebsten ständig um das Wohl anderer kümmern möchte. Er sorgt und sorgt, ist immer „lieb" und verpasst dabei die Entwicklung seines eigenen Lebens.

Auf Abfragen hin erfuhr ich, dass der Druck auf meiner Brust von der Schwester einer früheren Freundin herrührte, die sich jung das Leben nahm, während er mit der Schwester befreundet war. Ich bat die verstorbene junge Frau in den Raum und sah sie dann ganz undeutlich, wie vernebelt am Rande meines Gesichtsfeldes. Gleichzeitig sah ich den Mann (meinen ehemaligen Klienten) offen wie ein Gefäß, wie eine geöffnete Blume, innen gefüllt mit Schwarz. Er hatte all das Elend, das zu dieser Selbsttötung gehörte, in sich aufgenommen. Ich bat ihn, es loszulassen. So lief viel Schwarzes aus dem Gefäß nach unten heraus, bis der verbleibende Inhalt grau war.

Dann ging ich zu ihr in den feinstofflichen Raum, um zu schauen, ob ich ihr helfen konnte. Sie war ziemlich im Nebel versteckt, schien sich zu entziehen, wirkte verängstigt. Ich bat sie, sich klarer zu zeigen. Es war mühsam und ich wurde etwas lauter: Sie möge sich bitte nicht verstecken und weiterhin das Geschehene abspalten wie früher. Ich sagte ihr, dass es Hilfe gäbe. Und: „Es ist in Ordnung, dass du dein Leben beendet hast." Links von ihr hing ein langer Schleier herunter und es war, als ob sie nicht wirklich da wäre. Folgende Assoziation stellte sich bei mir ein: sie war ein ungewolltes Kind, das sich unwillkommen gefühlt hatte und nie wirklich auf der Erde angekommen war.

Sie bekam dafür unser Mitgefühl. Und wir sagten noch einmal den Satz: „Es ist in Ordnung, dass du dein Leben beendet hast."

Diese Nicht-Verurteilung hatte sie gebraucht. Jetzt rückte sie vom äußersten Rand des Raumes in die Mitte und ich sah einen Energiewirbel von ihr bis zur Erde. Das ist für mich immer ein Zeichen, dass ein Aspekt der Bindung an das Erdenleben noch nicht gelöst ist. Sie fühlte sich schuldig.

Es war nötig, dass sie noch einmal auf ihre Entscheidung schaute und sie in Klarheit akzeptierte als ihren eigenen Weg. Ich sagte ihr dies. Nach einer Weile war sie imstande, in Klarheit und Freiheit zu ihrer Entscheidung der Selbsttötung zu stehen. Der Wirbel der Erdanbindung löste sich auf. Sie selbst wurde breiter und heller.

Ich fügte hinzu: „Wie wir unser Leben auch beenden, wir sind im feinstofflichen Raum immer willkommen."

Nun sah sie, dass der Freund ihrer Schwester alles Elend auf sich genommen hatte, und sie sagte zu ihm: „Es tut mir leid."

Dann wandte ich mich ihm, dem Lebenden, zu und sagte ihm, dass ihr Leid von ihr nun selbst angenommen sei. Es würde in höheren Ebenen jetzt aufgelöst und geheilt werden. Er sei nun frei für sein eigenes Leben.

In den nächsten Tagen korrespondierte ich mit ihm. Ich erzählte ihm von dieser Begegnung und bat ihn, die aggressiven Selbsttötungsimpulse und das Leid der jungen Frau loszulassen, das er von ihr übernommen hatte. Eine Notwendigkeit sei allerdings, dass er sein eigenes Leid und seine eigenen aggressiven Impulse, eventuell auch Selbsttötungsimpulse, wahrnehmen möge.

Bisher scheint ihm das nicht zu gelingen. Unbewusst wählt er lieber die Übernahme der Emotionen anderer, als seine eigenen Schatten anzugehen. So bleibt er, gefüllt mit grauer Farbe, noch in der Depression. Und so geht die Übergabe weiter, denn Familie und Freunde übernehmen teilweise sein Leiden und seine nicht gelebten aggressiven Impulse, indem sie wütend auf ihn oder die behandelnden Ärzte werden.

Klarheit in jedem Einzelnen von uns tut not, sonst wandern die nicht gelebten Anteile von einem Menschen zum anderen.

Der Enkel mit den Namen der Großväter

In vielen Familien war und ist es eine Sitte, die Namen der Großeltern weiterzugeben an die Enkel. Manchmal tun wir ihnen damit Gutes, manchmal nicht.

Bei einem meiner Klienten war beides der Fall. Der eine Großvater, dessen Namen er trug, hinderte ihn am Leben. Der andere, von dem er den zweiten Namen hatte, unterstützte ihn.

Mein Klient, Mitte 50, befand sich in einer Lebenskrise.

Der Großvater mütterlicherseits wurde Ende des Krieges noch eingezogen und starb kurz darauf in der Berliner Belagerung. Ich bat ihn herbei und sah, dass er mit Schwärze gefüllt war: Wut, Ohnmacht, Elend, zerschellte Hoffnung. Er war wie gelähmt und schaute von uns weg. Missgunst zerfraß ihn. Er gönnte den anderen das Leben nicht. Er hatte noch einen anderen Enkel, der nach ihm benannt worden war, und der vor kurzem auch im Alter von Mitte 50 gestorben war.

Ich gab ihm mein Mitgefühl, verneigte mich vor seinem Schicksal. Danach machte ich eine klare Ansage, dass er aufhören solle, die Enkel, die im Namen mit ihm verbunden waren, am Leben zu hindern. Meine Klarheit und Schärfe erreichten, dass er seinen Blick uns zuwandte und erstmalig klarer begriff, was hier ablief. Ich sagte ihm, dass ich eine energetische Trennung mit der Schwertenergie zwischen ihm und diesem noch lebenden Enkel machen werde, so dass er ihn nicht mehr zu sich ziehen könne.

Kurz danach stand mein Klient auf, seinem Großvater zugewandt. Er richtete sich auf, schaute ihn an und hatte den Eindruck, dass er zum ersten Mal wirklich von dem Großvater gesehen wurde als eigener Mensch mit einem eigenen Lebensrecht.

In einer nächsten Stunde arbeiteten wir an der Lebenskraft, der Resilienz, dem Durchhaltevermögen des Klienten. Da kam der andere Großvater väterlicherseits ins Spiel. Dieser war in Kriegsgefangenschaft gewesen und hatte später noch mehrfach erzählt, dass ihn sein unbändiger Überlebenswille gerettet hatte. Hier verband sich mein Klient, der auch den Namen dieses Großvaters trägt, mit dieser Lebenskraft und diesem Lebenswillen. Er spürte die Stärkung ganz konkret in seinem Körper und nahm bewusst die Begleitung dieses Großvaters an.

Depression

Mein Klient litt immer wieder unter Migräneattacken und zeitweise unter Depressionen.
Ein Teil der Gründe lag in seiner Ursprungsfamilie. Dem waren wir schon auf der Spur.

Dann gingen wir zurück zu dem, was in der großelterlichen Generation zu Kriegszeiten geschah.

Die Oma väterlicherseits wohnte bis zu ihrem Tod im selben Dorf wie mein Klient. Sie war recht unzugänglich und er wusste nicht viel über sie. Nur dies: Einer ihrer Söhne war Pilot und wurde im Krieg abgeschossen, überlebte aber. Der andere Sohn starb im Krieg. Verarbeitet war dies sicher alles nicht, eher totgeschwiegen.

Die Oma erlaubte mir, mit ihr in Verbindung zu treten. Normalerweise ist es umgekehrt.

Der Kontakt spielte sich stark auf der Gefühlsebene ab. Ich bekam keine klaren Formen oder Sätze übermittelt.

Die Oma war irgendwie verdunkelt und verzweifelt über den Tod des einen und den Absturz des anderen Sohnes. In ihr war emotionales Chaos. Sie selbst hatte wohl als Hitler-Anhängerin mit Begeisterung auf die Kriegsteilnahme ihrer Söhne reagiert und so mischten sich nun Schmerz, Leid und Schuldgefühle in ihr. Sie hatte dieses Dilemma in ihrem Leben und wohl auch danach nicht lösen können. Dadurch war sie immer noch an die Erde gebunden. Wie der Neffe meinte, hatte sie sich auch zu Lebzeiten nie jemandem mit diesem Leiden geöffnet. Nichts war verarbeitet.

Und so setzte sich das Unverarbeitete, der Schmerz und die Schuldgefühle unbemerkt im Unbewussten der folgenden Generation fort.

Ich hörte ihr zu, nahm ihr Dilemma wahr. Viel Mitgefühl floss zu ihr. Und schließlich begab sie sich kurz in meine Arme.

Ich vollzog eine Abtrennung auf der energetischen Ebene zwischen ihr und ihrem Neffen, so dass er ihr Leiden nicht mehr weitertragen musste.

Dann konnte sie gehen.

Ungeliebt

Eine Klientin kam zu mir wegen immer wiederkehrender Migräne und wegen Prüfungsangst. Sie steckte offensichtlich fest in einem Kreislauf von Selbstentwicklung und Selbstboykott. Und es fehlte ihr immer wieder an Energie für das, was sie zu bewältigen hatte.

Über ihre eigenen Aufgaben hinaus floss ihre Kraft offensichtlich noch woanders hin. Bald wurde es deutlich, dass ihr verstorbener Vater bei ihr andockte.

Was war der Hintergrund?

Die Eltern „mussten" heiraten, weil sie unterwegs war. So entstand eine Ehe, die nicht von Liebe getragen war. Sie, die Klientin, fühlte sich nicht geliebt. Sie schämte sich sogar ihrer Existenz.

Als ich den Vater kontaktierte, berichtete er, dass er sich selbst ebenfalls ungeliebt gefühlt hatte. Auch die Alltagsatmosphäre in seiner Kindheit sei von Lieblosigkeit geprägt gewesen. Hier ging es also schon um ein weitergegebenes Thema der Lieblosigkeit und einer daraus erwachsenden Depressionsanfälligkeit.

Die Tochter bzw. Enkeltochter (meine Klientin) hatte mehrere Kinder aus verschiedenen Beziehungen und es gelang ihr trotz depressiver Phasen und Migräneattacken, ihren Kindern das Gefühl zu geben, dass sie von ihr geliebt würden. Die dazugehörigen Väter hatte sie nicht geheiratet (um nicht ihr eigenes Schicksal zu wiederholen?) und sie verschwanden nach einer Weile aus ihrem Leben. So war es ihr möglich, mit ihren Kindern das Thema Lieblosigkeit nicht weiterzugeben, sondern es zum Teil zu heilen.

Ihr Vater hatte jedoch noch immer eine Anbindung an sie, um von ihrer Liebe etwas abzubekommen.

Wir wandten uns ihm zu, hüllten ihn in unser Mitgefühl und baten um Liebe für ihn.

Dann machte ich eine energetische Trennung zwischen ihr und ihrem Vater und fühlte, wie Liebesenergie und Helligkeit zu ihm und zu ihr flossen.

Die Migräneattacken wurden weniger und sie schaffte ihre Prüfungen.

Exkurs: Transgenerationalität

Weitergabe und Übernahme sind bekannte Phänomene. Wir kennen sie auf der Ebene der Vererbung, wo sich bestimmte Krankheiten oder Veranlagungen durch die Generationen ziehen. Wir wissen, dass wir kulturell unsere Sicht auf die Welt, samt Ritualen und Verhaltensweisen, weitergeben und die Kinder und Jugendlichen sich auf diese Weise in unserer Welt zurechtfinden können. Und wir wissen, dass vieles schon „mit der Muttermilch" aufgenommen wird, nämlich bestimmte Werte oder Traditionen der Familie.

Manches davon wird verbal weitergegeben, z. B. der Wunsch, ein Kind möge doch den elterlichen Betrieb übernehmen. Anderes läuft unter der Oberfläche, z. B. der Wunsch, ein erwartetes Kind möge ein Sohn werden.

Seit einiger Zeit hat ein neuer Begriff Eingang in die Forschung gefunden: Transgenerationalität. Psychotherapeuten kennen diese Phänomene, die ich in den Beispielen ausgeführt habe, schon lange. Da kommen Menschen in die Therapie mit Depressionen, mit psychosomatischen Symptomen, mit Schwierigkeiten, ihr Leben in die Hand zu nehmen und es zu gestalten. Oft sprechen sie auf Medikamente dagegen nicht gut an. Und in der Nachforschung in Kindheit und Jugend ist auch nichts zu finden, was diese hartnäckigen Erscheinungen erklären könnte.

Erst wenn man dann in die Generationen der Eltern und Großeltern oder noch weiter schaut, kommen Geschichten zutage, die nahelegen, dass hier Unverarbeitetes weiterwirkt: Kriegs- und Fluchtgeschichten, Frauen- und Arbeiterschicksale, Gewalt, Unterdrückung, Missbrauch, Behinderungen, Verluste und vieles mehr.

Wir alle wissen, dass es schwer ist, solche Dinge zu ertragen. Also wird verdrängt, geschwiegen, übergangen, tabuisiert. Leider lösen sich die Ereignisse und was sie angerichtet haben, dadurch nicht einfach auf. Sie sind weiterhin da, in einer Familie, einer Gesellschaft, einem Volk. Und sie wandern unerkannt, oft in anderer Form, weiter von einer Generation zur nächsten. Das meint das Wort Transgenerationalität. Und sie wandern wahrscheinlich so lange weiter, bis sie ans Tageslicht kommen und endlich von einer Person gesehen, anerkannt und vielleicht sogar gelöst werden.

Und das ist die andere Seite: Wer von den Nachfahren ist bereit, diese Aufgabe zu übernehmen? Wir wissen es nicht. Und die Wege, wie dies geschieht, kennen wir auch nicht. Es geschieht ja unbewusst. Meine Erfahrung ist, dass es meist sensible Menschen sind, die eine hohe Resonanz für das haben, was in anderen Menschen oder Systemen vor sich geht. Oft sind es Mädchen, die so über ihr Mitgefühl in diese Rolle hineinwachsen, ohne es zu wissen.

Und was wird nun weitergegeben und von den Nachfahren übernommen?

Ganz generell die Folgen unverarbeiteter schlimmer Erlebnisse von Traumatisierungen, ungelösten Problemen, von Gewalttaten, Lügen, Verlusten, kurz: von allem, was aus verschiedenen Gründen ins Abseits gedrängt wurde, in der Hoffnung, es möge den *Ort des Vergessens* geben. Aber wir wissen, es gibt ihn nicht. Es gibt nur das Schattenreich, wo die Dinge in der Dunkelheit ruhen oder ihr Unwesen treiben, bis sie eines Tages doch ans Licht kommen.

Was auf der Oberfläche weiterlebt, ist Verleugnung, Verdrängung, Schweigen, Tabuisierungen, Verbote. Dieses Verhalten wird dann zum Familienmuster, das bei allen installiert ist und oft so selbstverständlich gelebt wird, dass es der Familie selbst gar nicht mehr auffällt.

Hier ist es dann oft meine Aufgabe, diese Muster, die die Generationen verbinden und binden, zusammen mit Klienten aufzuspüren und, wenn möglich, aufzulösen.

Aber viel zerstörerischer ist das, was darunter liegt und übernommen wird bzw. sich in verkleideter Form im Körper, in der Gefühlswelt, in Lebensüberzeugungen, Selbstbildern oder Beziehungen gestaltet. Da handelt es sich dann um die Gefühle, die zu dem Erlebten oder Getanen gehören und die abgespalten wurden, weil sie nicht aushaltbar waren oder weil sie es unmöglich gemacht hätten, weiterzuleben. Es ist der Schmerz, das Leid. Es sind Wut, Ohnmachtsgefühle, Scham und Ängste. Und es kann eine Unfähigkeit sein, Gefühle wahrzunehmen und zu leben oder das Gefühlschaos zu strukturieren und das eigene Leben in den Griff zu bekommen.

Weitergegeben und übernommen werden auch unerfüllte Sehnsüchte, Aspekte eines ungelebten Lebens wie die Sehnsucht nach einer heilen Familie, nach einem erfüllenden Beruf, nach Zärtlichkeit und Liebe, nach all dem, was im realen Leben nicht stattfinden konnte oder nicht stattgefunden hat.

Meine Erfahrung ist, dass diejenigen, die etwas übernehmen, oft selbst ein eigenes Thema damit haben. Wenn jemand Schmerz über einen großen Verlust übernommen hat und selbst nicht mit eigenen Verlusten zurechtkommt, dann verschmelzen das Eigene und das Übernommene und werden noch größer und schmerzhafter. Dann tritt vielleicht eine Lähmung der Lebensimpulse ein oder Schmerzen besetzen den Körper und wollen nicht mehr weichen oder es entstehen andere psychosomatische Störungen, die niemand verstehen kann.

Hier setzt dann wieder meine mediale Arbeit an, die diese Zusammenhänge entschlüsseln und zu ihrer Lösung beitragen kann.

Besonders wenn die Verstorbenen, die maßgeblich an der Entstehung oder Aufrechterhaltung des Themas beteiligt sind, sich zeigen oder es gelingt, sie zu kontaktieren, kann die schädigende Bindung zu den Lebenden getrennt werden. Dann geschieht Befreiung von einer noch vorhandenen Erdanbindung des Verstorbenen und Heilung für alle Beteiligten und das ganze familiäre Feld.

Begleitung und Unterstützung

Eine Frau kam mit ihrer Arbeitssuche nicht recht voran. Was hinderte sie, was ängstigte sie?

Vieles ergab sich aus ihrer Geschichte.

Sie war Einzelkind. Ihren Vater, einen italienischen Gastarbeiter, kannte sie nicht. Er wusste wohl auch nichts von ihrer Existenz. Die Mutter war psychisch krank. Wenn sie in der Psychiatrie war, kam das Kind ins Heim. Nach dem Tod der Mutter wurde sie von einer Pflegefamilie adoptiert.

Die Mutter hatte sich immer mit Arbeiten und Geldverdienen für sich und ihr uneheliches Kind gequält bis zur Frührente. Wollte die Tochter hier den Arbeitsweg der Mutter nicht wiederholen und zögerte deshalb vor jeder Bewerbung?

Wir gingen diesen Fragen nach.

Da tauchte die verstorbene Mutter im Raum auf. Sie legte gleich los und sagte zu ihrer Tochter: „Du kannst das. Mach das."

Dann ging sie im Raum einige Schritte auf eine bestimmte Stelle zu und es folgte der Satz: „Trau dich. Geh voran."

Dann sah ich, wie sie die Hände auf die Schulter ihrer Tochter legte und sie sanft nach vorne schob. Diese blieb aber mit Becken und Beinen stehen, so dass sich nur der Oberkörper nach vorne bewegte. Deshalb legte die Mutter nun die Hände auf das Kreuzbein, so dass die ganze Person einen Schub von hinten bekam.

„Ich gebe dir Anschubhilfe. Geh vorwärts!", sagte sie noch.

Viele Menschen fühlen sich in ihrem Leben begleitet von einem verstorbenen Familienmitglied. Manche gehen auf den Friedhof und spüren dort verstärkt diese Verbindung. Meist wissen diese Menschen nicht, ob das Gefühl der Verbindung nur ihrer eigenen Sehnsucht entspringt oder ob sie tatsächlich von beiden Seiten genährt wird. Meine Erlebnisse in der Praxis zeigen mir, dass es viele und vielfältige Begleitungen gibt und dass wir Lebenden uns meistens dessen nicht bewusst sind. Wir sind in diesem Grenzgang, in diesem Brückenschlag nicht geübt und wir hängen noch sehr an dem, was wir mit unseren Augen sehen und mit unseren Ohren hören können und was die Naturwissenschaft uns erklären kann. Dass wir Radiowellen nicht sehen können und doch ihr Ergebnis in Form von Worten oder Musik hören, haben wir gelernt. Und dass uns eine Stimme aus dem Navi im Auto den Weg weist, finden wir inzwischen selbstverständlich, aber dass wir selbst feinste Impulse oder unsichtbare Informationen wahrnehmen und empfangen können ohne technische Zwischenschaltungen, gilt vielen immer noch als unmöglich.

Eine Klientin arbeitete psychotherapeutisch an dem Thema der Gewalttätigkeit in ihrer Familie. In einer Energiearbeit versuchten wir das zu lösen, was sich davon in ihr festgesetzt hatte. Währenddessen tauchte hinter der Klientin eine Person auf. Es war ihre Großmama. Sie legte ihr die Hände auf die Schultern und lila Licht umfloss sie. Sie sagte nichts, sie war nur da und begleitete und stärkte ihre Enkelin in ihrem Prozess.

Die Begleiter und Begleiterinnen sind oft verstorbene Elternteile, Großmütter, Großväter, Onkel oder Tanten aus verschiedenen Generationen. Sie müssen den Lebenden auch nicht unbedingt bekannt sein und die Begleitung muss nicht zwangsläufig die Fortsetzung einer Beziehung zu Lebzeiten sein.

Wie in dem Abschnitt über verstorbene Geschwister und Mutterleib-Zwillinge schon anklang, sind diese Verstorbenen oder nie Geborenen sehr eng mit ihren Geschwistern verbunden, leiblich sowie seelisch, so dass sie sich manchmal entscheiden, das auf der Erde lebende Geschwister zu begleiten.

Wie ich schon beschrieb, wurde für eine Klientin ihr ungeborener Zwilling zum Brückenpfeiler „auf der anderen Seite". Bei einer anderen Klientin, die in einer Arbeitskrise steckte und mit Existenzängsten kämpfte, erschien der vor ihrer Geburt gestorbene Bruder als ein großer Schmetterling links über ihr. Die Größe scheint mir zu vermitteln, dass er von ihr wahrgenommen werden will als leichtes, buntes Wesen und als Begleitung für sie in ihrer derzeitigen ängstlichen Schwere.

Eine dritte Kategorie von Begleitern und Begleiterinnen sind Wesen, die einem sehr nahestanden, ein bester Freund, eine Partnerin, eine spirituelle Lehrerin.

Manchmal unterstützen sie uns nicht allgemein, sondern gezielt bei einem speziellen Thema, z. B. bei dem Thema Partnerschaft nach einer unglücklichen Beziehung.

In dem Abschnitt über Selbsttötungen berichte ich von einer Frau und ihrem Liebhaber, der sein Leben selbst beendete. In all ihrer Trauer ist es für sie wunderbar, dass er zu einem Führer auf ihrem spirituellen Weg wird.

Mein leiblicher Vater starb früh. Ich hatte einen Stiefvater und viel später noch einmal einen väterlichen Freund. Am Ende seines Lebens begegnete diesem ein spiritueller Freund von „der anderen Seite". Er kannte ihn nicht, konnte ihn aber sehen und sich mit ihm unterhalten. Für den beinahe 80-Jährigen, der aus der Lebenswelt des 20. Jahrhunderts kam, war dies eine unerhörte Sache. Ich war die Einzige, der er sich anzuvertrauen wagte, da mir solche Erscheinungen nicht fremd waren. Dieser ältere, längst verstorbene Freund beglei-tet nun wiederum mich, und zwar speziell, wenn es um das Thema *Mut zur Liebe* geht.

In dem Abschnitt über emotionale Verstrickungen berichte ich von einer Frau, die ihren Vater bat, ihr bei der Sterbebe-gleitung ihrer Mutter (seiner Frau) beizustehen. Und kraftvoll und jung aussehend versprach er es ihr, obwohl er lange Zeit zuvor von schwerer Krankheit gezeichnet, sein Leben been-dete.

Ein schönes und überraschendes Beispiel ist Folgendes:

Ein leicht geistig behindertes Mädchen aus dem Dorf, in dem ich gelebt hatte, war an der Brücke über den Fluss von einem Auto erfasst und tödlich verletzt worden. Der Fall hatte mein Herz ergriffen, und ich fürchtete mich vor dem, was ich bei der Kontaktaufnahme erleben würde. Aber es kam ganz an-ders. Die Verbindung mit ihr war leicht. Meine Frage, ob sie von mir noch Unterstützung bei der Verarbeitung des Unfalls brauche, verneinte sie. Sie schien fröhlich und ich war etwas ratlos, was meine Aufgabe sei. Ihre Erscheinung, ein wolken-ähnliches Gebilde, wurde noch heller und sie ließ mich wis-sen, dass sie eine Begleiterin für geistig behinderte Kinder auf der Erde sein wolle. Mir ging das Herz auf und ein Lächeln erschien auf meinem Gesicht bei der völlig neuen Erkenntnis, dass dieses möglich sei.

Tiefe Freude ergriff mich auch darüber, dass sie mir und der Klientin dieses Wissen schenkte, was bis dahin in unserem beschränkten Bewusstsein keinen Platz gehabt hatte.

Und wir bekamen die Aufgabe, eine energetische Verbindung zu legen zwischen ihr und behinderten Kindern, die für ihre Begleitung offen wären.

Nachdem das geschehen war, verabschiedeten wir uns in Leichtigkeit und Freude voneinander.

Für eine gelingende Begleitung durch eine verstorbene Person aus der Zwischenwelt gehört es allerdings auch, dass der lebende Mensch in irgendeiner Weise sich für diese Begleitung öffnet, bewusst oder unbewusst. Tut er es bewusst, so hat das den Vorteil, dass er sich auch in schwierigen Situationen an die Verstorbenen wenden und um Hilfestellung bitten kann. In dem Augenblick, wo wir das tun, fühlen wir uns nicht mehr allein in der Situation, sondern begleitet und gestärkt.

Wie hier und da im Buch schon anklingt, bin ich es manchmal selbst, die Unterstützung geschenkt bekommt. Als in mir der Plan wuchs, aus meinen Aufzeichnungen ein Buch zu machen, und ich in den Nachschriften der Begegnung mit Verstorbenen las, meldeten sich zwei sehr unterschiedliche Wesen, die mir beide signalisierten, sie würden mir bei der Erstellung des Buches helfen, wenn ich das wollte.

Der eine ist ein von mir hochgeschätzter älterer Herr, über den ich mehrfach berichtete. In der Zeit vor seinem Tod mit 75 Jahren konnte er die Energiearbeiten, die ich für ihn machte, tief in seinem Inneren spüren, die Veränderungen zum Teil sogar sehen. Er nahm Kontakt mit seinem herausoperierten Zwilling auf (ich schrieb darüber) und konnte in Frieden gehen, bevor seine Nervenkrankheit ihn komplett lahmlegte. Ich nannte ihn auch den „Rollstuhlmann".

Der andere ist Leo, der auch öfter in diesem Buch vorkommt, ein Junge, der nur wenige Tage lebte, aber auf der anderen Seite aktiv zu sein scheint. Auch er bot mir seine Hilfe an, vor allem, wenn ich bestimmte Informationen nötig hätte über das Dasein nach dem Tod, wovon ich in der Tat nicht viel verstehe.

Jetzt, wo ich das Manuskript noch einmal durcharbeite, bekomme ich von ihm zum wiederholten Male die Information, dass der Titel des Buches eigentlich falsch ist. Es ist nicht die Seele, die noch erdgebunden ist. Die Seele ist immer unbeschädigt und unverletzlich, heil und frei. Worüber ich schreibe, sind erdgebundene Aspekte der Psyche. Das ist wohl eine begrenzte, irdische Ausformung der Seele, die sich nach dem Tod in einem Prozess der Wandlung befindet hin zu einer freien Seele.

Ich bin sicher, dass beide Helfer ein Interesse daran haben, dass meine Erlebnisse und Aufzeichnung den Weg in die Öffentlichkeit finden, damit die Kommunikation der unterschiedlichen Ebenen miteinander immer einfacher und lebendiger wird.

Und vor allem bin ich dankbar, dass ich so unterstützt werde. Die Arbeit geht auch ganz leicht. Das verwundert mich immer wieder, bin ich doch eine, die meint, dass sie sich alles hart erarbeiten muss. Nein, manches fließt mir einfach so zu und das hat ganz sicher mit diesen Unterstützern zu tun.

Um die Brücke zu schlagen zwischen den Welten, um diese Grenze durchlässiger zu machen und sie wenigstens zeitweise zu überwinden, bedarf es von unserer Seite einer Bereitschaft und einer besonderen Ausrichtung. Wir brauchen eine Offenheit, die mehr für möglich hält als das wissenschaftlich Bewiesene, und wir brauchen die Fähigkeit, einen inneren Zustand der „passiven Aktivität", einer stillen Wachheit herzustellen, die es möglich macht, unseren 7. Sinn so zu schärfen, dass er Signale empfangen und aussenden kann. Und vor allem bedarf es eines wachsenden Bewusstseins dafür, dass wir – wie abgegrenzt wir uns auch fühlen – mit einem großen Ganzen verbunden sind.

Heilung durch Verstorbene

Manchmal dürfen wir etwas sehr Erstaunliches erleben und Zeuge sein von Heilungen, die ohne unser Zutun geschehen. Es sind Seelen oder Verstorbene, die Heilungsarbeit für Lebende oder andere Verstorbene machen.

Eine Frau kam zu mir, die sich viele Sorgen um ihren Mann machte und Angst hatte, dass er sie verlassen könnte. Meines Erachtens bestand hierzu kein Anlass. Ich befragte sie über ihre und seine Vorfahren, um zu sehen, ob es dort Trennungen, Verlassenheiten oder Familienmuster dieser Art gab.

Und ja, wir mussten nicht lange suchen, denn die Verluste sprangen uns an: die Oma des Mannes – sie hatten drei Kinder – war in Kriegszeiten aus der Ukraine geflüchtet. Noch dort wurde ihr Mann erschossen und ein Sohn kam unter gewalttätigen Umständen ums Leben. So floh sie mit zwei Töchtern. Die eine Tochter bekam unterwegs Typhus und starb in einem Lazarett. Mit der letzten Tochter gelang ihr die Flucht in den Westen.

Was für ein Elend. Wie kann eine Frau und Mutter dies ertragen? Sicherlich nur mit der Abspaltung aller Gefühle, die mit diesen Verlusten zu tun haben.

Die überlebende Tochter meisterte ihr Leben und baute sich eine heile Familie auf, auch mit drei Kindern. So wurde der Mutter noch einmal das Erleben einer Familie mit im Frieden aufwachsenden Kindern geschenkt. Eines der drei Kinder ist der Ehemann der Klientin. Er hatte wenig Gefühl für sich selbst und spaltete auch sonst seine Gefühle ab.

Ich bekam die Information, dass es etwas für diese Verstorbenen zu tun gibt. Mir war nicht wohl bei dem Gedanken an so viel Gewalt und Tod. Aber es kam ganz anders.

Die Oma tauchte als Erste auf. Ich spürte ihre große Trauer und Verlassenheit. Sie rührte mich an. Dann tauchte ihr Mann auf und näherte sich ihr. Ihre Traurigkeit über die nicht gelebte Beziehung verband sich und er machte deutlich, wie sehr ihm dies wehtat und wie leid es ihm tue. Es entstand eine große Nähe zwischen beiden. Schließlich kamen die beiden gestorbenen Kinder noch hinzu und alle saßen eng beieinander. Es wurde nichts gesprochen. Es gab nichts zu sagen. Alle strahlten eine Freude aus über diese Familienzusammenführung der Verstorbenen, denen es hier auf der Erde nicht vergönnt war, eine Familie zu sein.

Für mich gab es gar nichts zu tun, und so saß ich da und freute mich mit ihnen.

Im feinstofflichen Raum war diese Familie geheilt. Wie dies geschehen ist, weiß ich nicht. Aber ich weiß, dass diese Heilung auch bis zum Enkel weiter strahlen kann. Zusätzlich darf und kann ich das weitergegebene Familienmuster der Gefühlsabspaltungen auflösen, so dass es in der Ehe der Klientin mehr emotionalen Austausch geben kann.

Bei den Kriegstoten berichte ich von einer Klientin, die ihre im Krieg umgekommenen Onkel nicht einmal mit Namen kennt. Ich beschreibe die Arbeit mit diesen namenlosen Männern. Am Ende jeder Arbeit entsteht ein neues Familienband. Sie sagt: „Du bist mein Onkel", und er sagt: „Du bist meine Nichte."

In diesem Fall entsteht eine Heilung und Familienzusammenführung über die Grenze hinweg von den Verstorbenen zu den Lebenden.

Ich habe in dem Abschnitt „Ungeborene Kinder" von noch einer anderen wunderbaren Heilung und Familienzusammenführung berichtet. Die Mutter einer Klientin hatte in den 50er Jahren zwei medizinisch indizierte Abbrüche. Ihr schuldbeladener irdischer Aspekt zeigte sich in meinem Therapieraum in einer Ecke. Als ich noch fragte, was zu tun sei, erschienen die Seelen der Ungeborenen und zogen den braunen Sack voll Schuldgefühle von ihr weg nach oben und warfen ihn in den leeren Raum hinter sich. Nun stand nichts mehr zwischen ihnen und sie erschienen in Liebe und Innigkeit vereint. Und die Mutter ist von den Aspekten, die sie an die Erde gebunden haben, befreit.

Ein letztes Beispiel über die Heilung durch eine Seele beschrieb ich in dem Abschnitt „Zwillinge und Geschwister". Meine Klientin fühlte in sich das Verbot, sich von ihrer alten Mutter abgrenzen zu dürfen. Schon im Mutterleib hatte sie diese Botschaft von ihrer Mutter bekommen, da das Kind vor ihr gestorben war. Wir wollten diese Botschaft in ihr auflösen, als der verstorbene Bruder erschien. Ich sah, wie er ein Seil aus dem Embryo herauszog, ganz ohne Anstrengung. Ich wusste, es war die Angst der Mutter, die sie nach seinem Tod verspürt hatte.

So wurde letztlich die Beziehung zwischen Mutter, Sohn und Tochter durch die Arbeit der Seele des verstorbenen Kindes geheilt.

Heilung für mich selbst

Eine Klientin erzählte, dass ein bestimmter Mann immer wieder in ihren Gedanken auftauchte und sie hatte keine Ahnung, warum. Es war der Ehemann einer Lehrerin in den 70er Jahren des letzten Jahrhunderts. Sie kannte den Mann selbst nicht, wusste nur, dass er Arzt gewesen sei.

Ich versprach, mich darum zu kümmern und zu schauen, ob der Verstorbene etwas brauche.

Als ich mich auf ihn konzentrierte und mich mit ihm verband, bekam ich kein Gefühl, keine Körperreaktion, keine Idee von dem, was zu tun wäre.

Also wartete ich einen Moment. Und währenddessen sah ich ihn mit einem großen Trichter vor sich. Die enge Öffnung war auf seiner Seite und die weite auf mich gerichtet. Langsam rollten viele, viele kleine schwarze Kügelchen auf mich zu, die in etwa aussahen wie Wacholderbeeren. Einen Moment stutzte ich vor Furcht, dass mir hier etwas Schädliches zugeführt werden sollte. Aber es fühlte sich nicht so an und so schaute ich dem Geschehen weiter zu. Die dunklen „Beeren" trafen auf meinen Oberkörper, sanken in ihn hinein und lösten sich dort auf. Es fühlte sich gut und warm an.

Es war eindeutig. Ich bekam etwas. Ich wurde von dem Arzt behandelt. Und ich wusste, was behandelt wurde. Es war meine Lunge. Mir wurde bewusst, wie sehr dieses Organ belastet und geschwächt ist. In den 60er Jahren hatte ich Tuberkulose, die damals noch mit heftigen Medikamenten behandelt und regelmäßig in Schichtaufnahmen mit vielen Röntgenstrahlen kontrolliert wurde. Gut zehn Jahre später erlitt ich nach einer OP einen Herz-Kreislauf-Kollaps. Dabei lief die Lunge voll Wasser und ich entkam dem Tod nur knapp.

Als die Behandlung beendet war, bedankte ich mich sehr und war voller Erstaunen darüber, dass ein „wildfremder" Arzt sich um mich kümmerte. Ich erhielt auch noch den Hinweis, selbst mehr Energiearbeit für meine Lunge zu tun, ist sie der Ort des Lebensatems, an dem auch Themen gespeichert sind, die mich an meiner Lebendigkeit gehindert haben.

Und er würde sich auch weiter um mich kümmern.

Dies war eine ärztliche Begleitung für mich selbst. Vor Jahren trat schon einmal ein Arzt in mein Blickfeld, nein, eher in mein Energiefeld. Es ist Edgar Cayce, ein Arzt, der in der 1. Hälfte des letzten Jahrhunderts lebte. Nachdem er gestorben war, arbeitete er aber weiter. Er sprach in den 30er Jahren durch ein bestimmtes Medium und beriet Menschen, besonders, wenn es um medizinische Fragen ging. Ich habe ein Bild von ihm in meiner Praxis stehen und darf mich an ihn wenden, wenn es in meinen Behandlungen um körperliche Krankheiten geht. Mir ist dabei aber bewusst, dass er durch mich nie nur körperlich, sondern immer ganzheitlich behandelt.

So weiß ich bei meiner etwas merkwürdigen Arbeit immer, dass ich selbst „von der anderen Seite" wahrgenommen und gesehen werde, dass ich mich bewusst an meine Helfer und Unterstützer wenden kann, wenn ich Hilfe brauche.

Und ich fühle eine große Dankbarkeit dafür, dass ich ständig gehalten, getragen und begleitet bin, wenn ich die Grenze zwischen den Lebenden und den Toten überschreite, um dabei nicht die Erdung zu verlieren oder verrückt zu werden.

Exkurs: Was Verstorbene brauchen

Wenn ich jetzt auf die letzten Jahre zurückschaue und mich frage, was die Verstorbenen, die sich bei mir melden, wollen oder brauchen, werden einige Linien deutlich.

Ganz allgemein verstehe ich, dass bestimmte Verstorbene die Verbindung zur Erde und den Lebenden noch nicht verlassen können oder wollen. Und nur mit diesen, die noch eine Erdanbindung haben, habe ich es zu tun.

Was sich durch alles wie ein roter Faden zieht ist der Wunsch, wahrgenommen, gesehen und gehört zu werden mit dem, was sie noch bindet oder umtreibt. Im Kontakt mit ihnen wird deutlich, welche Gefühle oder Themen es sind, die sie in ihrem irdischen Leben nicht haben bewältigen oder abschließen können.

Hier auf der Erde sind wir Wesen, die aus einer Beziehung entstehen und nur in Beziehung mit anderen existieren können. Und offensichtlich ist es für manche nicht einfach oder nicht gewollt, diese irdische Bezogenheit mit dem Tod aufzugeben.

Was die Erdanbindung betrifft, zeigt sich das deutliche Bedürfnis der Verstorbenen, Aufmerksamkeit zu bekommen, gehört und gesehen zu werden ohne Mitleid, ohne Ratschläge, ohne Vorwürfe, ja ohne jede Bewertung.

Dies zu tun ist meine vordringlichste Aufgabe, nämlich in der Präsenz der Wahrnehmung zu sein. Da zu sein ohne etwas *von* der verstorbenen Person oder *für* sie zu wollen.

Das, was dann von selbst in mir aufsteigt, ist Mitgefühl, Mitgefühl mit dem, was ich wahrnehme, und mit der Person, die mir dieses zeigt. Mitgefühl ist kein Mit-Leiden. Ich halte Abstand, aber als fühlendes menschliches Gegenüber. Ich vermute, dass ich den Seelen das Mitgefühl gebe, das sie für sich selbst nicht hatten, weil sie etwa durch Schmerz oder Schuldgefühle verwirrt waren.

Es kann nur ein kurzer Moment des Mitgefühls sein oder eine längere stille Phase. Manchmal ist dies schon genug und ich sehe, wie das Thema sich auflöst oder der Verstorbene verschwindet.

So wie sie in ihrer Verwirrung, ihrem Mangel oder Schmerz gesehen werden wollen, so möchten sie genauso auch in ihrer Bereitschaft zu geben und zu schenken gesehen und wertgeschätzt werden. Möglicherweise sind die Schutzengel, mit denen viele Menschen sich oder ihre Kinder verbinden, in Wirklichkeit häufig Verstorbene, die sich zur Unterstützung und Begleitung der Lebenden entschieden haben. Wer weiß?

Unabhängig von dem, was sich mir gezeigt hat, sei es berührend, schrecklich oder schön, steigt oft in mir der Impuls auf, mich vor der verstorbenen Person und ihrem Leben zu verneigen, es wertzuschätzen, so, wie es war und wie es gelebt wurde.

Dieses Loslassen jeglicher Bewertung und die Anerkennung dessen, dass jedes Leben seinen eigenen Wert hat, beendet die menschliche Enge und befreit nicht nur die Verstorbenen, sondern auch mich. Ich habe jedes Mal das Gefühl, dass ein neuer, offener Raum entsteht.

Um sich lösen zu können und in größeren Frieden zu kommen, brauchen manche Verstorbene mehr als die Wahrnehmung, nämlich eine spezielle Unterstützung.

Auch hier sehe ich bestimmte Schwerpunkte.

Bei denjenigen Verstorbenen, die in einem Zwischenstadium hängen in Unklarheit und Unwissenheit ihres derzeitigen Zustandes, gibt es die Notwendigkeit, ihnen bei der Klärung ihres Bewusstseins zu helfen.

Es ist beispielsweise wichtig für sie zu begreifen, dass sie tot sind und nicht mehr auf der Erde weilen. Und ich bin aufgefordert, sie dabei zu unterstützen, Klarheit zu bekommen über das, was zu begreifen und abzuschließen ist, damit der eigene Weg weitergegangen werden kann.

Die weitaus meisten, mit denen ich es in meiner Praxis zu tun habe, sind in irgendeiner Weise mit sich oder mit Lebenden verstrickt.

Hier geht es dann um Klärung, Entwirrung, Lösung und Loslassen.

Es geht darum, Weitergaben oder eigenes Festhalten zu beenden. Es geht darum, sich selbst im Nachhinein die Erlaubnis zu geben für eine von einem selbst verurteilte Tat, oder es geht darum, sich selbst und anderen zu vergeben und um Versöhnung zu bitten.

Damit dies geschehen kann, bin ich gefragt, mich mit meinen Lehrern und Meistern im feinstofflichen Raum zu verbinden, um mit ihrer Unterstützung und meiner therapeutischen Erfahrung zu wissen, was zu tun ist, um Befreiung und Heilung zu fördern. Dies geschieht auf vielfältige Weise, die mich selbst oft überrascht. Ich sehe die Qualitäten der Verstrickungen vor meinem inneren Auge und kann so helfen, sie zu klären und zu entwirren. Ich kann Familienmuster heilen, lösen und helfen, Verstorbene und Lebende in Kontakt zu bringen, so dass sie kommunizieren können und eine neue Verbindung oder aber eine gute Trennung möglich wird. Bei Trennungen bin ich oft gefragt, eine klare Abtrennung im energetischen Feld der Beteiligten zu machen, so dass diese jeweils befreit ihren eigenen Weg gehen können, einerseits die lebende Person in ihrem irdischen Umfeld und andererseits der Verstorbene mit Hilfe seiner feinstofflichen Begleiter in den Bereichen der „Anderswelt".

Ja, so wie wir Lebenden alle der Heilung und Befreiung bedürfen, so erstaunt es mich letztlich nicht mehr, dass wir damit in unserem Leben nicht unbedingt fertig werden. Allerdings ist es ein Ansporn, hier zu Lebzeiten schon so viel wie möglich zu lösen und zu heilen.

Ich vertraue allerdings darauf, dass es für die noch fehlende Heilung und die große Befreiung viele Wege gibt.

Literaturverzeichnis

Alexander, Dr. med Eben, Blick in die Ewigkeit, Ansata 2014

Austermann, Alfred und Bettina, Das Drama im Mutterleib – der verlorene Zwilling, Königsweg-Verlag 2006

Bourqin, Peter und Cortés Carmen, Der allein gebliebene Zwilling, Innenwelt Verlag 2016

Brücke über den Strom, Mitteilungen aus dem Leben nach dem Tode, Novalis Verlag 1994

Kübler-Ross, Elisabeth, Interviews mit Sterbenden, Kreuz-Verlag 1980

Kübler-Ross, Elisabeth, Was können wir noch tun?
Kreuz-Verlag 1978

Leadbeater, Charles W., Die Astralwelt – Das Leben im Jenseits
Aquamarin Verlag 2008

Long, Dr. Jeffrey, Beweise für ein Leben nach dem Tod – Die umfassende Dokumentation von Nahtoderfahrungen aus der ganzen Welt, Goldmann-Verlag 2010

Medhus, Elisa, Von der anderen Seite – Gespräche zwischen Mutter und Sohn, SCORPIO 2014

Radebold, Hartmut (Hrsg.), Transgenerationale Weitergabe kriegsbelasteter Kindheiten, JUVENTA 2009

Rauwald (Hrsg.), Vererbte Wunden – Transgenerationale Weitergabe von traumatischen Erfahrungen, BELTZ 2013

Sudhoff, Heinke, Ewiges Bewusstsein, Schirner Verlag 2008

Thurston, Mark, Die Lehre des Edgar Cayce, Schirner Verlag 2006

van Praagh, James, Und der Himmel tat sich auf - Jenseitsbotschaften über die geistige Welt und das Leben nach dem Tode, Goldmann-Verlag 1998

Voggenhuber, Pascal, Nachricht aus dem Jenseits, MensSana 2010

Weinreich, Wulf Mirko, Das andere Totenbuch – Eine praktische Anleitung zur Sterbebegleitung, Books on Demand 2011

Wickland, Carl, Dreißig Jahre unter den Toten, Reichl Verlag 2007

Die Autorin

Bettina Hausmann, Jahrgang 1942, ist ein Kriegs- und Flüchtlingskind mit Entwurzelungserfahrungen. Nach Schule und Studium der Germanistik und Romanistik lebte sie in den Niederlanden, heiratete und bekam zwei Kinder. Dort kam sie Ende der 70er Jahre mit der Gestalttherapie in Kontakt, die sie so faszinierte, dass sie sie erlernte und zu ihrem Beruf machte. Wieder in Deutschland, lebte sie in einer christlich-friedenspolitischen Gemeinschaft. Sie arbeitete in einer Klinik, wurde Ausbilderin in Integrativer Therapie und hat seit mehr als 25 Jahren eine eigene Praxis.

Ihre spirituelle Veranlagung vertiefte sie mit beinahe 60 Jahren in einer Ausbildung in transpersonaler Psychologie und ging dann bei einer energetisch und spirituell arbeitenden Heilerin in die Lehre. Dadurch verstärkten sich ihre eigenen hellsichtigen und heilerischen Fähigkeiten, die sie mehr und mehr in ihre Praxisarbeit einbringt. Darüber hinaus widmet sie sich intensiv der globalen Heilungsarbeit und der Behandlung von Opfern und Tätern aus Kriegen.

Es war ihr ein Bedürfnis, diese grenzüberschreitende Arbeit in die Welt zu bringen, und so baute sie mit ihren Partnern ein kleines spirituelles Zentrum in Nordhessen auf, in dem sie zurzeit noch lebt und arbeitet.

www.HausLichtblick.info

Veröffentlichungen:

B. Hausmann, R. Neddermeyer: **Bewegt Sein – Erlebnisaktivierung und Persönlichkeitsentwicklung,** Verlag Junfermann 1996, Dr. Ludwig Reichert Verlag 2011

Diverse Artikel in Fachzeitschriften
Mitarbeit in dem Dokumentarfilm **„Töchter ohne Väter"** (Aufarbeitung von Kriegsfolgen) www.moraki.de

Kontakt: hausmann.lichtblick@web.de

Lisa Williams
Was geschieht mit uns wenn wir sterben
Das Wissen von der anderen Welt

Was passiert, wenn wir sterben, was geschieht mit unserer Seele? Auf viele uns betreffende Fragen gibt das Medium Lisa Williams Antwort.

279 Seiten, gebunden   18,50 €
ISBN 978-3-941435-23-0

Dr. Kermie Wohlenhaus
Hallo, Schutzengel hörst Du mich
Wie wir mit unseren Beschützern klar kommunizieren können

Lernen Sie Ihr inneres Sehen und Hören zu schärfen und auf´s Papier zu bringen. Einfache Übungen.

160 Seiten   16,95 €
ISBN 978-3-941435-60-5

Isha Judd
Die Intelligenz der Liebe
Was die Liebe behindert –Was sie entfesselt- Wie sie das Leben tief verwandelt

Sie sind es, die die Welt erschafft. Sie sind nicht hilflos oder gar ein Opfer. Sie haben die Wahl – jeden Moment aufs Neue.

200 Seiten, gebunden   18,50 €
ISBN 978-3-941435-24-7